Du CM2 à la 6e

10-11 ans

Eaux troubles à Venise

Karine Tercier
écrivain

Éric Battut
professeur des écoles

Illustré par
Pierre-Emmanuel Dequest

Nathan

Présentation

- **Je lis un récit policier entrecoupé d'exercices de :**
  compréhension, maths, sciences et technologie.

- **Je résous des exercices**
  qui permettent de reconstituer l'histoire.

- **Je vérifie ma réponse**
  - elle est juste → j'accède à la suite de l'histoire ;
  - elle est fausse → le corrigé me guide pour refaire l'exercice.

- **Je consulte le mémo en fin d'ouvrage,**
  il m'explique la notion abordée dans l'exercice.

- **Je regarde la table des matières (p. 119)**
  pour connaitre tous les points du programme abordés dans les exercices.

- **Je note les indices sur la page 117,**
  un par chapitre, ils prouvent que l'enquête avance et que l'histoire est bien comprise.

Maquette intérieure : Julie Lannes
Composition : Linéale Production

Plan de Venise

1. Gare Santa Lucia
2. Ca'd'Oro
3. Cimetière San Michele
4. Pont Di Rialto
5. Palais ducal
6. Arsenal
7. Place San Marco
8. Zattere
9. Accademia
10. La Salute
11. San Giorgio Maggiore

1

Ensorcelante Venise

1

– Et qu'allez-vous faire, à Venise jeune homme ?

La vieille dame avait posé la question avec un sourire gourmand qui faisait retrousser son petit nez. On aurait dit une héroïne tout droit sortie d'un roman d'Agatha Christie*. Son chemisier un peu trop fleuri était ouvert sur un collier de perles rose pâle et ses cheveux étaient relevés en un chignon si blanc qu'il ressemblait à une meringue. Sous

* Romancière anglaise du début du XXe siècle, elle est surtout connue pour ses romans policiers tels que *Le Crime de l'Orient-Express* ou *Dix Petits Nègres.*

ses airs guindés perçait pourtant tant de malice que Raphaël imaginait son élégante voisine de compartiment en espiègle aventurière. Ou peut-être n'était-elle qu'une de ces femmes nourries aux romans de gare qui ne voient en Venise que la cité de l'amour ?

En tout cas, si elle pensait qu'il était là pour quelque rendez-vous galant avec une jeune fille trop romantique, elle se mettait le doigt dans l'œil…

Pourquoi Raphaël effectue-t-il ce long voyage jusqu'à Venise ?

Venise est la perle de l'Italie ! Située entre Paris et Byzance, tous les marchands s'y donnaient rendez-vous dès le Moyen Âge, ce qui a contribué à faire de Venise une ville riche. On y a vu pousser de somptueux palais décorés par les plus grands artistes. Mais le charme de Venise, ce sont aussi ses canaux. Sais-tu que cette ville est composée de 117 petites iles reliées entre elles par 400 ponts ?

À Venise, on ne marche pas, on flotte !

Paris-Venise, quel long voyage ! Pour savoir combien de kilomètres Raphaël doit parcourir, fais un schéma.

Trace les segments et inscris les distances que tu connais.

PARIS – BYZANCE : 2 257 km

BYZANCE – VENISE : 1 414 km

Quelle est la distance de Paris à Venise en kilomètres ?

....

....

Paris – Venise = 843 km → Lis le n° 8.

Paris – Venise = 3 671 km → Lis le n° 5.

Paris – Venise = 1 234 km → Lis le n° 18.

mémo 7

2

Le reste du voyage se déroula tranquillement. Raphaël, qui n'arrivait pas à trouver le sommeil, parcourut le train d'un bout à l'autre. Il ne croisa personne, tout le monde semblait dormir. Même le wagon-restaurant était désert. Dans les couloirs étroits, il entendait parfois quelques ronflements ou chuchotements, mais c'était tout. À part le crissement des roues sur les rails et le sifflement des freins, la nuit était noire et silencieuse. Quand il revint dans son compartiment, son unique voisine dormait paisiblement sur la couchette du bas, un léger souffle s'échappant de sa bouche entrouverte. « Quel drôle de personnage ! » pensa alors Raphaël, sans savoir s'il avait de la sympathie pour elle. Il l'avait d'abord trouvée attendrissante, cette façon qu'elle avait de se repoudrer régulièrement le nez, son parfum à la violette si désuet, son tailleur bien trop élégant pour un voyage en train de nuit, mais en même temps, elle était tellement sur la défensive ! Il avait suffi qu'il parle de Titien pour qu'elle se lance dans l'univers des peintres. Et il se trouvait que lui, Raphaël, était peintre. Ou presque. Il venait de quitter les Beaux-Arts et il était bien décidé à vivre

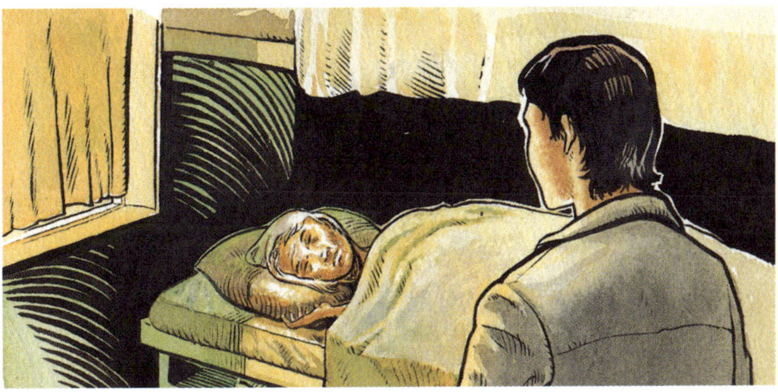

de sa peinture, devenir un artiste international, vendre ses tableaux aux collectionneurs et aux musées. Ses ambitions étaient grandes comme l'était son talent. Il voulait réussir. Il réussirait. Et il ne ferait pas de compromis. N'en déplaise à cette vieille excentrique ! Raphaël essaya de se calmer, il lui restait encore un long voyage à parcourir…

À quelle heure Raphaël arrivera-t-il à Venise ?

Sur le billet de Raphaël, on peut lire : PARIS / VENISE, départ : 19 h 07 – durée du voyage : 13 heures.
À quelle heure arrivera-t-il ?

a. 3 h 07 **b.** 6 h 07 **c.** 8 h 07

Si tu as choisi a. → Lis le n° 9.
Si tu as choisi b. → Lis le n° 12.
Si tu as choisi c. → Lis le n° 13.

mémo 16

3

Faux ! Souviens-toi : le nombre du bas de la fraction t'indique en combien de parts on a divisé l'unité. Cela va t'aider…

→ Retourne à l'exercice du n° 17.

4 

Faux ! Souviens-toi, l'angle droit est l'angle des carrés. Si tu utilises ton équerre, tu pourras voir qu'aucun angle ne correspond.

Ex. :  → Retourne à l'exercice du n° 15.

5 

Faux ! Il ne faut pas confondre addition et soustraction !
→ Retourne à l'exercice du n° 1.

6 

Les galeries de l'Accademia se trouvaient toutes au premier étage d'un bâtiment construit autour d'une *scuola*. Raphaël avait lu que ces anciennes institutions étaient très puissantes : elles aidaient les pauvres et les malades et faisaient appel aux artistes les plus prestigieux de l'époque pour décorer leurs murs.

Que n'aurait-il pas donné pour vivre à cette époque ! Il traversa les vingt-quatre salles de l'Accademia comme dans un rêve. Il était encore tôt et il avait parfois l'impression d'être seul dans le musée. Soudain, tandis qu'il admirait la mythique *Tempête* de Giorgione, son portable se mit à sonner.

Raphaël fut si gêné que, dans la panique, il prit une photo avec son mobile au lieu de l'éteindre. L'insupportable sonnerie retentit encore pendant d'interminables secondes. Raphaël, à cet instant, n'imaginait pas que cet appel allait bouleverser sa vie… « Désolé », dit-il à la ronde, mais à part un homme qui lui tournait le dos et qui ne lui prêtait aucune attention, la salle était vide.

Raphaël a-t-il pris en photo *la Tempête* ?

Connais-tu ce tableau ? Va sur le site de l'Accademia pour te documenter sur *la Tempête*.

Voici le site Internet officiel de l'Accademia.

http://web.tiscali.it/wwwart/accademia/artisti/artisti.htm

- Étape 1, va sur ce site. Attention, ce site est en langue italienne…
- Étape 2, trouve Giorgione dans la liste des artistes du musée. Clique sur son lien.
- Étape 3, trouve le lien *la Tempesta*, *la Tempête*.

Tu y es ? Bravo !

Maintenant → tu peux aller au chapitre 2 afin de découvrir comment Raphaël va poursuivre son enquête dans les dédales mystérieux de Venise…

mémo 21

7

88 ans, c'est la durée de sa vie ! Calcule la durée entre 2020 et la date de sa mort à l'aide d'une soustraction.

→ Retourne à l'exercice du n° 8.

8

Raphaël expliqua qu'il ne venait à Venise que pour Titien.

– Quoi ? s'étrangla la vieille femme.

– Titien, le peintre, vous savez bien… répondit Raphaël avec un peu de mépris dans la voix.

La vieille dame retira ses lunettes cerclées d'or et regarda Raphaël droit dans les yeux :

– Jeune homme, je possède à Paris deux galeries d'art, et la peinture, c'est toute ma vie : découvrir des artistes prometteurs, leur donner leur chance, organiser pour eux expositions et vernissages, les conduire vers la gloire parfois… Mais gare ! La

célébrité et l'argent peuvent rendre fous même les plus sages, et si c'est un monde passionnant, c'est aussi un monde de tromperie et d'illusion. Aussi, quand j'ai un peu de temps, je voyage. Car j'aime aussi rencontrer de vrais gens, en espérant juste qu'ils soient aimables et honnêtes.

Raphaël se mit à rougir. Son « vous savez bien… » de tout à l'heure était certes sincère, mais surtout désobligeant, du genre « vous le faites exprès ou quoi ? ». Le problème avec lui, c'est qu'il aimait tant la peinture vénitienne qu'il aurait pu adorer ou détester une même personne selon qu'elle partage ou non avec lui sa passion pour Véronèse, le Tintoret ou Giorgione.

Pourquoi Raphaël s'intéresse-t-il autant à la peinture ?

Giorgione peignait des œuvres pleines de rêve et de mystère.Titien, son élève, développa l'art de la lumière et le transmit à son propre élève, le Tintoret, connu pour sa maitrise de la couleur et des lumières. Véronèse, qui avait appris de ces trois maitres l'équilibre des formes et des couleurs, porta l'art vénitien à son sommet ! Ils peignaient au XVIe siècle, lorsque Venise n'était pas une destination touristique, mais une puissante cité !

Titien, peintre italien, est né en 1488 et mort en 1576. En 2020, depuis combien d'années Titien est-il mort ?

a. 576 ans **b.** 444 ans **c.** 88 ans

Si tu as trouvé a. → Lis le n° 14.
Si tu as trouvé b. → Lis le n° 2.
Si tu as trouvé c. → Lis le n° 7.

mémo 7

9

Faux ! À partir de minuit, soit 24 heures, on passe à 0 heure. → Retourne à l'exercice du n° 2.

10

Décidément, cette Hermine di Rosa était un sacré personnage pour son âge : mystérieux, imprévisible et, pour tout dire, très sympathique. Raphaël était en train de lui expliquer qu'il restait une semaine à Venise pour visiter tous les musées et les galeries de la ville quand il s'arrêta net de parler.

– Que vous arrive-t-il, jeune homme ?

– Regardez, regardez comme c'est beau !

Il se leva lentement, hypnotisé par la beauté de ce qu'il voyait. Toutes les photos qu'il avait vues de

la Sérénissime* recelaient moins de magie que le labyrinthe d'ilots qu'il découvrait à présent.

– C'est encore plus merveilleux que ce que j'imaginais ! finit-il par dire, époustouflé.

– Je sens que vous allez adorer Venise, Raphaël ! Je suis sure que cette ville sera pour vous ce qu'elle a été pour moi : une révélation ! Et j'ai le sentiment que votre vie ne sera plus tout à fait la même après ce voyage. Vous verrez, vous verrez…

Raphaël espérait qu'Hermine di Rosa voyait juste et que le jeune élève trop timide qu'il avait été toutes ces années allait enfin se métamorphoser. Alors, comme si Hermine avait pu lire dans ses pensées, elle s'écria :

* Surnom donné à Venise lorsqu'au XVe siècle la puissance de la ville était à son apogée.

– Il faut toujours aller au bout de ses rêves, Raphaël. Je peux sans doute vous aider. Ça dépend de vous, maintenant… », ajouta-t-elle d'une voix énigmatique.

Qu'est-ce qui montre qu'Hermine est un personnage mystérieux ?

Dans ce début de chapitre, note le détail qui peut laisser penser qu'Hermine n'est peut-être pas tout à fait ce qu'elle parait être…

- Son chemisier est trop fleuri.
- Elle range trop précipitamment son passeport dans son sac.
- Elle possède quatre galeries d'art.

Recopie la réponse :

Elle range trop précipitamant son passeport

C'est ton PREMIER INDICE. Note-le sur ta page-indices, page 117.

Maintenant →tu peux à présent lire le n° 17.

11 

Ce n'est pas la bonne réponse ! Souviens-toi : le nombre du haut représente le nombre de parts et le nombre du bas dit en combien de parts on a découpé l'unité ! → Retourne à l'exercice du n° 17.

12

Attention, tu as soustrait 13 heures à 19 h 07 ! Si c'était ce qu'il fallait faire, cela signifierait que Raphaël remonte le temps ! → Retourne à l'exercice du n° 2.

13

Le matin, Raphaël fut réveillé en fanfare par le contrôleur venu rendre aux passagers leur passeport. La vieille dame saisit le sien dans un geste brusque comme s'il s'agissait d'un objet embarrassant qui lui brulait les doigts et le fit aussitôt disparaitre au fond de son sac.

– Bientôt, nous arriverons à Venise. J'adore ce moment, dit-elle. Vous verrez, on a l'impression que le train roule sur l'eau.

Elle se tenait assise sur sa couchette, le tailleur sans aucun pli et le chignon bien en place et elle tendait sa main potelée à Raphaël :

– Hier soir, nous n'avons pas eu le temps de faire les présentations : Hermine di Rosa.

Raphaël se racla la gorge, un peu gêné :

– Enchanté, Hermine. Moi, c'est Raphaël. Raphaël Dupont. Je sais, c'est plutôt commun comme nom, mais j'ai la chance d'avoir le prénom d'un grand peintre.

– Raphaël : grand maitre de la Renaissance, né le 6 avril 1483 à Urbino en Ombrie et mort en 1520.

– Impressionnant ! s'exclama Raphaël, complètement estomaqué.

– J'ai menti, Raphaël. Je n'ai pas deux galeries à Paris, mais quatre. Et si un jour vous voulez me montrer vos tableaux, je serai heureuse de les découvrir. Vous savez, à mon âge, on comprend qu'il ne faut pas perdre de temps. Aller à l'essentiel, toujours, vous verrez, vous êtes encore jeune, mais vous verrez…

Qui est donc Hermine di Rosa ?

Pour le savoir, compare ces distances de train en utilisant les signes <, > ou =.

a. 18,22 km ..... 19,12 km

b. 759,96 km ..... 75,96 km

c. 46,33 km ..... 46,330 km

Si tu as trouvé >, <, =. → Lis le n° 16.

Si tu as trouvé <, >, =. → Lis le n° 10.

Si tu as trouvé <, =, >. → Lis le n° 19.

mémo 4

14

Faux ! 1576, c'est l'année de sa mort. Tu confonds une date et une durée. Calcule la durée entre l'année indiquée, 2020, et la date de sa mort à l'aide d'une soustraction.

→ Retourne à l'exercice du n° 8.

15

– N'oubliez pas : l'hôtel ferme ses portes à minuit. Passé cette heure, vous trouverez porte close ! dit la femme de l'hôtel.

Raphaël décida de se rendre immédiatement aux galeries de l'Accademia*. Il prit un vaporetto – ces bateaux à moteurs qui desservent toute la ville – et regarda les palais défiler devant ses yeux. On aurait dit qu'ils flottaient sur les ondes et, malgré leurs façades décrépies, leur beauté qui se reflétait dans l'eau était fascinante. Hermine a raison, pensa Raphaël, je suis arrivé depuis quelques heures à peine et j'adore déjà Venise ! Et quand, plus tard, il entra dans l'Accademia, son cœur battait à tout rompre. Raphaël venait d'un milieu modeste et

* C'est l'un des musées les plus célèbres d'Italie, sa collection traverse toute l'histoire de l'art vénitien, avec des chefs-d'œuvre tels que ceux de Titien, de Giorgione ou de Véronèse.

lorsqu'il décréta, à l'âge de dix ans, qu'il deviendrait peintre, on le regarda comme un fou. Dans sa famille, il n'y avait jamais eu d'artistes. Pourtant, au fil des années, ses parents durent admettre que Raphaël ne plaisantait pas. Il passait son temps à peindre et tous ses professeurs l'encourageaient. Pour payer ses études, il donnait des cours de dessin et ses rares moments libres étaient consacrés aux visites du Louvre ou du musée d'Orsay. Il s'était toujours promis que, son diplôme en poche, il irait à Venise pour approcher toutes les peintures qu'il connaissait pourtant par cœur tellement il les avait étudiées. Et voilà, le moment était venu : les chefs-d'œuvre des plus grands maitres vénitiens s'offraient enfin à son regard !

Que va découvrir Raphaël à l'Accademia ?

Les artistes vénitiens ont une connaissance des sciences très avancée pour leur époque : ils savent appliquer les règles de la perspective, qui rend leurs tableaux proches de la réalité, en représentant la profondeur de champ. Regarde comment le Tintoret le réussit très bien dans ce tableau : en un point unique, toutes les lignes se rejoignent à la porte de l'édifice. Pour renforcer cette perception, il a même placé le corps du Christ sur l'une de ces lignes.

L'Enlèvement du corps de saint Marc

Que c'est beau ! Maintenant, regarde bien le tableau.
Les angles $\widehat{A}$, $\widehat{B}$, $\widehat{C}$, $\widehat{D}$, $\widehat{E}$ et $\widehat{F}$ formés par les lignes de perspective sont-ils aigus, obtus ou droits ?
Entoure la bonne réponse.

Ce sont des angles aigus. → Lis le n° 6.
Ce sont des angles obtus. → Lis le n° 20.
Ce sont des angles droits. → Lis le n° 4.

mémo 12

16

Non… Souviens-toi de commencer par comparer la partie entière : 18 est plus petit que 19. → Retourne au n° 13.

17

Raphaël et Hermine se quittèrent à la gare Santa Lucia* après avoir échangé leurs numéros. Hermine di Rosa logeait chez une amie qui habitait un palais près de la place Saint-Marc. De son côté, Raphaël louait une chambre modeste dans une pension du Cannaregio**. Il fit quelques mètres puis, machinalement, se retourna pour faire un dernier signe à Hermine. Et là, il la vit rentrer à nouveau dans la gare. Que se passait-il ? Avait-elle oublié quelque chose dans le train ? Raphaël faillit revenir sur ses pas, mais il changea d'avis. Après tout, si Hermine avait besoin de lui, elle n'avait qu'à l'appeler. Il regarda encore un instant le flot des touristes aller et venir avec leurs valises à roulettes, et il en eut le tournis. Il n'était pas 9 heures du matin et déjà la ville grouillait. Heureusement, son hôtel n'était

---

* Nom de la gare de Venise. Regarde sur le plan où elle se situe.
** Un des quartiers de Venise, situé près de la gare Santa Lucia.

qu'à quelques minutes de la gare, sur le campo San Geremia. C'était une jolie place, avec une église et un vieux puits, comme on en voit partout à Venise. Il monta vite dans sa chambre, prit une douche et repartit aussitôt. À la réception, une jeune femme lui fit un signe.

Que lui veut la jeune femme de l'hôtel ?

Tu le découvriras si tu relies deux à deux les seules fractions qui ont la même valeur.

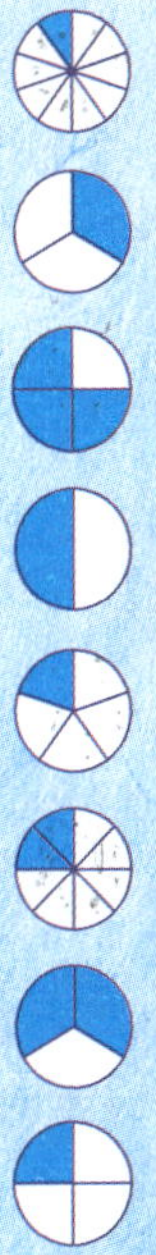

$\frac{1}{5}$	lettre O
$\frac{3}{2}$	lettre A
$\frac{2}{5}$	lettre G
$\frac{1}{4}$	lettre R
$\frac{1}{10}$	lettre P
$\frac{1}{3}$	lettre T
$\frac{1}{2}$	lettre E
$\frac{1}{8}$	lettre N

Classe-les ensuite de la plus petite à la plus grande et reporte leur lettre. Tu obtiendras un mot qui indique de quoi lui parlera la jeune fille de l'hôtel.

....

Si tu as trouvé le mot ARGENT → Lis le n° 11.
Si tu as trouvé le mot GÂTEAU → Lis le n° 3.
Si tu as trouvé le mot PORTE → Lis le n° 15.

mémo 3

18

Tu n'as pas fait la bonne opération, relis le mémo.

→ Retourne à l'exercice du n° 1.

19

Ce n'est pas la bonne réponse. N'oublie pas de comparer la partie entière et de vérifier le placement de la virgule : 759 est plus grand que 75.

→ Retourne à l'exercice du n° 13.

20

Faux ! Souviens-toi, un angle obtus est un angle qui est plus grand que l'angle droit. Sa valeur est supérieure à 90°.

Ex. : 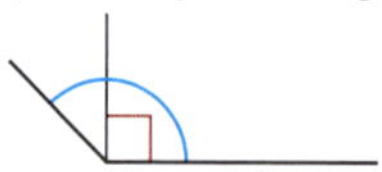

→ Retourne à l'exercice du n° 15.

2

L'énigme du Titien

1

Raphaël rentra à son hôtel à pied. En chemin, il s'arrêta place Saint-Marc. De complaisants touristes lançaient des graines aux pigeons. Raphaël se raidit d'un coup lorsque l'un d'eux s'approcha de lui. Il souffrait d'une véritable phobie de ces maudits volatiles. Il se mit à l'abri sous une arcade et contempla la beauté du lieu : la basilique Saint-Marc et ses dômes aux allures orientales, les mosaïques venues tout droit de Byzance, la tour de l'Horloge, les cafés et leurs splendides terrasses. Imaginer le faste de Venise aux XIVe et XVe siècles, imaginer sa puissance et sa splendeur… Soudain, de petits cris le sortirent de ses rêveries : « Mamma, mamma, dove sei mamma* ? » Un petit garçon cherchait sa

* « Maman, maman, où es-tu maman ? »

mère, qui arriva un instant plus tard. Raphaël se souvint alors qu'il avait oublié d'appeler la sienne. « Oui, maman. Oui, le voyage s'est bien passé. Oui, il fait beau. Oui, c'est très joli. Non, maman. Oui, maman, je te promets. À bientôt, je t'embrasse. » Quand il raccrocha, il interrogea son téléphone pour savoir qui l'avait appelé au musée. Sa mère, évidemment. Madame Dupont était aimante, certes, mais elle continuait à le couver comme le font les oiseaux avec leurs œufs. Avant de quitter la place, il photographia avec son portable la devanture du café Florian et découvrit, stupéfait, le cliché pris accidentellement à l'Accademia.

Que va voir Raphaël sur le cliché pris au musée ?

Raphaël a un téléphone portable avec appareil photo et surtout un grand écran lui permettant de voir précisément les photos qu'il vient de prendre. Son écran LCD fait 2,2 pouces ! Cela signifie que son écran a une diagonale longue de 2,2 pouces.

Sachant qu'un pouce est égal à 2,54 cm, **quelle est la dimension en cm de la diagonale de l'écran de l'appareil ?**

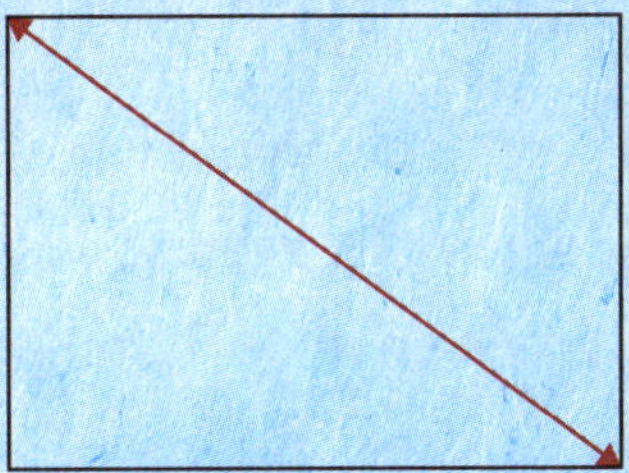

a. 1,154 cm **b.** 5,588 cm **c.** 4,74 cm

Si tu as choisi a. → Lis le n° 14.
Si tu as choisi b. → Lis le n° 9.
Si tu as choisi c. → Lis le n° 11.

mémo 10

2 

Ce n'est pas possible ! Regarde, les unités changent. Compte de combien, à chaque fois. Mais fais attention aux dixièmes !

→ Recommence l'exercice du n° 12.

3

Tu as fait le mauvais choix ! Souviens-toi que deux figures sont symétriques si elles sont superposables par pliage le long d'un axe qu'on appelle axe de symétrie.

→ Retourne à l'exercice du n° 7.

4

Attention, tu confonds le calcul d'aire avec la mesure d'un périmètre ! L'aire est une surface, voilà pourquoi elle est exprimée en m^2. → Retourne à l'exercice du n° 19.

5

439 135… On entendit alors le cliquetis métallique d'une serrure.

– Avons-nous le droit de faire ce que nous sommes en train de faire ? demanda craintivement Raphaël.

– Vous voyez une autre solution ? répliqua Éléonore, qui pénétrait déjà d'un pas décidé dans les galeries.

À l'intérieur, tout était noir et inquiétant. Raphaël prit peur :

– Attendons demain, c'est plus sûr.

– Pas question. Si le portrait a été dérobé, je veux

le savoir et je veux le savoir tout de suite, reprit Éléonore.

Raphaël suivait Éléonore en silence. On aurait dit qu'elle n'en était pas à sa première visite nocturne et qu'elle pouvait se diriger les yeux fermés. Arrivée devant la salle XVIe, elle ouvrit un petit placard et saisit une lampe torche. « Au travail ! fit-elle en éclairant le portrait. »

Que va découvrir Raphaël à la lumière de la lampe ?

Pourvu que la lampe torche fonctionne !
Parmi ces 4 circuits, entoure la lettre de celui qui allumera la lampe.

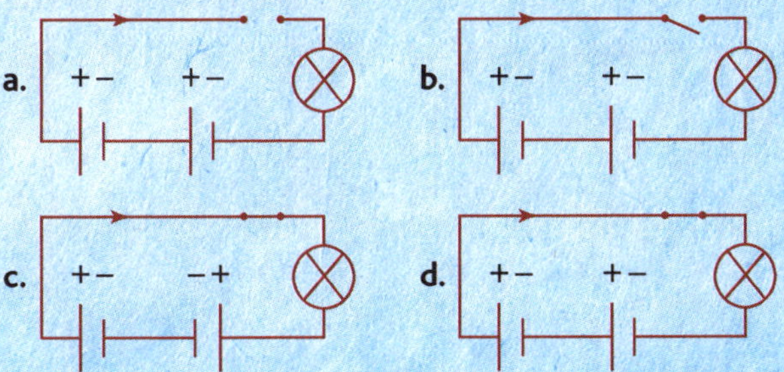

Si tu as trouvé a. ou b. → Lis le n° 28.
Si tu as trouvé c. → Lis le n° 23.
Si tu as trouvé d. → Lis le n° 17.

mémo 20

6

Attention, tu as utilisé la formule de calcul de l'aire. Ici, on cherche un périmètre. → Retourne à l'exercice du n° 9.

7

Raphaël quitta le musée avec des sentiments mitigés : il se sentait heureux d'être à Venise, mais, en même temps, son voyage ne ressemblait en rien à ce qu'il avait imaginé. Il marcha jusqu'à l'Arsenal* pour se calmer un peu. L'ancien chantier naval était éloigné des sites touristiques. À part quelques vacanciers égarés et de gros chats paresseux qui somnolaient au soleil, l'endroit était presque désert. Raphaël frissonna sans savoir pourquoi. Il voulut rejoindre son hôtel mais se perdit à nouveau dans

* Chantier naval, où l'on fabriquait les navires de la flotte vénitienne à l'époque où Venise avait le monopole pour la route des Indes.

le labyrinthe des ruelles. Certaines étaient si étroites que, si l'on croisait quelqu'un, il fallait se serrer contre le mur. Raphaël prenait des directions au hasard, à gauche ou bien à droite, et, quand il croyait enfin avoir reconnu son chemin, il se retrouvait les pieds dans la vase, face à un petit canal, un « rio » comme on les appelle ici. Alors il devait faire marche arrière. Tout n'était que détours et illusions, comme le tableau de Titien. Un moment là, un autre plus là…

Raphaël va-t-il enfin trouver une piste ?

Voici trois labyrinthes dans lesquels Raphaël aurait pu se perdre. L'illusion est d'ailleurs totale, car chacun d'eux est symétrique, comme s'il se reflétait dans un miroir. **Trouve les trois axes de symétrie et choisis la bonne réponse.**

Labyrinthe a. Labyrinthe b. Labyrinthe c.

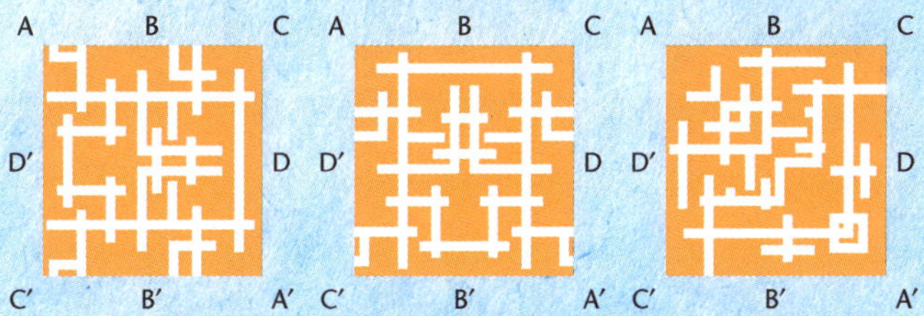

Réponse a. : BB' – DD' – CC' → Lis le n° 3.

Réponse b. : DD' – BB' – AA' → Lis le n° 25.

Réponse c. : DD' – BB' – CC' → Lis le n° 22.

mémo 11

8

Faux ! Es-tu certain(e) de bien avoir aligné tes chiffres ? Souviens-toi qu'après les avoir multipliés par 6, il faut décaler ceux multipliés par 5 d'une case !

→ Retourne à l'exercice du n° 25.

9

Sur l'écran de son téléphone, deux tableaux apparaissaient, mais sur leur gauche, on distinguait clairement un cadre vide.

Comment la peinture avait-elle pu disparaitre ?

Raphaël ne se souvenait d'aucune œuvre en restauration, ce qui aurait pu expliquer l'absence du tableau. Il approcha ses yeux de l'appareil et fixa longuement la photo. Il reconnut alors la salle et se souvint tout à coup que le cadre à présent vide contenait un autoportrait de Titien. C'était un tableau de petit format qui tranchait avec les grandes fresques du musée. Il représentait Titien à la fin de sa vie.

Saisi d'une étrange intuition, Raphaël fit demi-tour et suivit les flèches jaunes qui indiquaient l'Accademia. Il voulait faire éclater la vérité au grand jour : qu'était-il arrivé au tableau ?

Qu'a-t-il pu arriver au tableau ?

Les peintres vénitiens visaient à atteindre la beauté, mais aussi la vérité. Ainsi, chaque élément devait être en lien avec la totalité du tableau. Pour y parvenir, ils s'appuyaient sur une valeur mathématique appelée le nombre d'or (1,61803399), celui que Dieu aurait utilisé pour bâtir le monde. Ce nombre avait été utilisé bien avant ces peintres, pour la construction des pyramides d'Égypte ou du Parthénon d'Athènes...

Voici comment tracer un rectangle d'or.

Sur une feuille de papier :

1. Trace un segment [AB] de 2 cm.

2. À partir de A, et à angle droit de [AB], trace un segment [AC] deux fois plus long que [AB].

3. Trace le segment [BC]. Mesure-le.

4. Prolonge le segment [AB] par un segment [BD], tel que BD = BC.

5. À angle droit de [AD], trace un segment [DE], tel que AC = DE.

6. Trace le segment [CE]. Voici un rectangle d'or !

Quel est son périmètre ?

a. 10,4 cm **b.** 20,8 cm **c.** 25,6 cm

Si tu as trouvé a. → Lis le n° 13.

Si tu as trouvé b. → Lis le n° 19.

Si tu as trouvé c. → Lis le n° 6.

mémo 17

10

Faux ! Face à une addition à trous, il faut utiliser des soustractions. Attention aussi à bien reporter les retenues…
→ Retourne à l'exercice du n° 15.

11

Il ne faut pas utiliser une addition, mais une multiplication. 1 pouce = 2,54 cm. Alors combien de centimètres pour 2,2 fois plus ? → Retourne à l'exercice du n° 1.

12

Quelques minutes plus tard, Raphaël faisait connaissance avec une ravissante jeune femme à la taille de guêpe et au sourire de miel. Elle devait avoir son âge, Raphaël était impressionné :

– Bonjour, monsieur le conservateur… je veux dire madame la conserve… enfin madame la conservatrice.

Raphaël était rouge de honte. Les seules femmes qui le troublaient étaient la « Vénus »* de Botticelli ou la « Joconde »** de Léonard de Vinci. Pourtant,

---

* *La naissance de Vénus* est un tableau peint en 1485 par Botticelli, qui représente Vénus, déesse de la beauté.
** *Le portrait de Mona Lisa*, dit *La Joconde*, célèbre pour son sourire énigmatique, a été peint entre 1503 et 1506 par Léonard de Vinci.

quand son regard croisa celui de la jeune femme, il se sentit fondre.

– Éléonore Magdelaine, enchantée de faire votre connaissance. Je suis l'assistante de monsieur Federico Angelotti. Il travaille en ce moment à New York où il prépare une grande rétrospective sur la Renaissance italienne. Mais à qui ai-je l'honneur ?

– Vous… vous êtes française ? bredouilla Raphaël.

– Du côté de mon père, oui, mais vous n'avez pas répondu à ma question, dit-elle sans ranger son impeccable sourire.

Éléonore Magdelaine avait l'assurance des jolies femmes, avec ce qu'il faut d'autorité et d'humour. Raphaël succombait déjà à son charme :

– Excusez-moi, j'ai peu dormi. Cette nuit encore, j'étais dans le train Paris-Venise. Raphaël Dupont, enchanté.

– J'ai peu de temps, poursuivit Éléonore, l'air préoccupé. Si vous pouviez me donner la raison de votre venue.

– Voilà – et Raphaël se mit à chuchoter comme si les murs avaient des oreilles –, voilà, j'ai le sentiment qu'il se passe de drôles de choses dans votre musée…

Éléonore va-t-elle croire Raphaël ?

Pour le savoir, trouve le code de chaque suite logique.
Tu dois trouver quel nombre il faut ajouter pour passer d'un nombre à l'autre. Cela te donnera une lettre.
Place ces lettres dans l'ordre pour trouver le bon mot.

- **1re lettre :** 2 435,5 ; 2 448 ; 2 460,5 ; 2 473 ; 2 485,5 ; 2 498 ; 2 510,5 ; ....

Le code est :

+ 2,5 = N	+ 10,5 = U	+ 12,5 = O
+ 20,5 = B	+ 22,5 = I	+ 32,5 = F

- **2e lettre :** 10 238,02 ; 12 449,02 ; 14 660,02 ; 16 871,02 ; 19 082,02 ; 21 293,02 ; 23 504,02 ; ....

Le code est :

+ 221 = N	+ 2 211 = U	+ 2 201 = O
+ 211 = B	+ 1 120 = I	+ 2 011 = F

- **3e lettre :** 7 314,3 ; 7 204,3 ; 7 094,3 ; 6 984,3 ; 6 874,3 ; 6 764,3 ; 6 654,3 ; ....

Le code est :

– 200 = N	– 210 = U	– 201 = O
– 101 = B	– 110 = I	– 1010 = F

....

Si tu as trouvé OUI → Lis le n° 21.
Si tu as trouvé NON → Lis le n° 16.
Si tu as trouvé BOF → Lis le n° 2.

mémo 2

13

Attention, le périmètre c'est (L + l) × 2.
→ Refais tes calculs dans l'exercice du n° 9.

14

Il ne faut pas utiliser une division, mais une multiplication. Si 1 pouce fait 2,54 cm, alors pour 2 pouces tu as 2,54 × 2, et pour 2,2 pouces 2,54 × ... ? → Refais l'exercice du n° 1.

15

Tout cela devenait très bizarre… D'abord Hermine qui, d'un seul coup, faisait demi-tour à la gare, puis cette écrivaine qui portait le même nom qu'elle, et maintenant ce numéro de téléphone qui n'était pas le bon... Raphaël se posait de plus en plus de questions sur cette étrange Hermine.

Il était arrivé avec une demi-heure d'avance au Pirandello Bar, au pied du Ca' d'Oro*, mais Éléonore l'attendait déjà.

– Alors ? demanda-t-il.

---

* Avec le palais des Doges, c'est l'un des plus célèbres édifices de Venise. Il tire son nom des dorures qui, au XVIe siècle, ornaient sa façade.

– Alors le personnel est formel : il n'y a eu aucune œuvre déplacée aujourd'hui, ne serait-ce qu'une minute. Je ne comprends pas ce qu'il s'est passé au moment où vous avez pris la photo.

– Soit le tableau a été manipulé pour une raison obscure et le personnel ne vous dit pas tout…

– Impossible, coupa Éléonore, tous les employés travaillent ici depuis de longues années. On peut leur faire confiance, aucun doute là-dessus. Vraiment, je ne comprends pas…

– Vous ne comprenez pas ou vous ne voulez pas comprendre ? s'impatienta Raphaël. Il n'y a pas trente-six solutions : si le personnel du musée est au-dessus de tout soupçon et si vous ne me cachez rien…

Éléonore se mit à trembler.

– Excusez-moi, Éléonore, je m'emporte… Mais on dirait bien que le portrait de Titien a été dérobé et ça ne m'étonnerait pas que celui qui se trouve à présent dans le cadre soit un faux.

D'un seul coup, Éléonore s'exclama :

– Un faux ! Mais vous plaisantez !

Puis, reprenant son calme : vous êtes peintre, n'est-ce pas, connaissez-vous les méthodes pour authentifier les tableaux ?

– Je ne suis pas un expert, mais je pense pouvoir reconnaitre une copie d'un original.

– Alors filons à l'Accademia ! Je veux en avoir le cœur net !

Derrière l'Accademia, Éléonore composa quelques numéros sur le digicode d'une petite porte sombre.

Que vont-ils trouver derrière cette porte codée ?

Les six numéros du code secret de la porte de l'Accademia sont les six chiffres qui manquent dans cette addition à trous. Trouve-les.

4	1	.	8	6	9	,.	5
+	.	2	0	3	.	,5	0
4	5	5	.	0	0	,8	.

Note ici les chiffres que tu as trouvés →

C'est le code secret.

Le code secret est : 4 3 0 – 1 0 5 → Lis le n° 27.

Le code secret est : 4 3 9 – 1 3 5 → Lis le n° 5.

Le code secret est : 3 6 9 – 3 3 1 → Lis le n° 10.

mémo 8

16

Attention, sois plus prudent(e). Pour cela, observe l'augmentation des unités et trouve une constante. Puis fais la même chose avec les dizaines. Et ainsi de suite…

→ Refais l'exercice du n° 12.

17

Raphaël s'approcha. À l'école, il avait appris qu'il existe trois types d'examen pour s'assurer de l'authenticité d'un tableau. D'abord, les craquelures qui apparaissent avec le temps. Le portrait devant lui en présentait quelques-unes, mais, pour l'heure, rien ne permettait de dire si elles étaient d'origine ou si elles avaient été créées artificiellement. Ensuite, si on découvrait sous le vernis un voile grisâtre, on pouvait être sûr qu'il s'agissait d'une peinture ancienne. Pour cela, il fallait éliminer la patine avec un coton imbibé d'alcool. Impossible à faire tout de suite ! Il ne restait à Raphaël que l'examen des pigments*. Mais ses yeux fatiguaient, il n'en pouvait plus :

– Revenons demain matin. En pleine lumière, ce sera bien plus simple.

Éléonore était prête à renoncer quand elle brandit soudain un miroir-loupe de son sac.

– Un truc de filles, dit-elle, un peu gênée…

– Parfait ! s'écria Raphaël.

Il plaça alors la loupe au-dessus de la peinture. Aucun grain n'était visible. Il rapprocha encore la loupe, mais il ne distinguait aucun pigment. Ce qui voulait dire…

– Les pigments ont été broyés de façon industrielle.

– Alors ? demanda Éléonore.

* Matières colorées.

Que va révéler l'étude des pigments ?

À l'époque de Titien, les tubes de peinture n'existaient pas. Chacun fabriquait ses couleurs. On utilisait des minéraux (terres, pierres et métaux) qu'il fallait piler en très fine poudre. Cette poudre était constituée de pigments qui, une fois mélangés à un liant liquide, avaient l'aspect de la peinture actuelle.

Les bleus foncés provenaient d'une pierre précieuse appelée lapis-lazuli. Les jaunes et les marron, de terres argileuses. Les blancs provenaient de sels de plomb et les noirs, du charbon.

Très intéressant ! Selon toi, l'étude des pigments va-t-elle révéler que le tableau est vrai ou faux ? Note ta réponse :

C'est ton DEUXIÈME INDICE. Note-le sur ta page-indices, page 117.

Maintenant → cours au chapitre 3 pour savoir ce que Raphaël va décider, une fois qu'il saura si le tableau est un vrai ou un faux.

18

Non, tu as oublié l'angle de 90°.

→ Mesure encore en refaisant l'exercice du n° 21.

19

Dans le dédale des rues, Raphaël finit par se perdre. Il avait même l'impression que les panneaux d'indication s'amusaient à brouiller les pistes. Ne s'éloignait-il pas du point qu'il voulait rejoindre et n'était-il pas déjà passé trois fois par là ? Finalement, sans trop savoir comment, il retrouva le pont de bois de l'Accademia. Devant les portes du musée, une queue interminable de touristes s'était formée. Raphaël bouillonnait. Il expliqua à chaque personne

devant lui que l'affaire était urgente et qu'on devait lui céder la place. Mais dans des langues différentes et avec des sourires polis ou crispés, Japonais, Américains ou Européens lui firent comprendre qu'il devait attendre comme tout le monde. Au moment où il pénétrait enfin dans la galerie, il aperçut Hermine di Rosa qui en sortait. Il lui fit un signe, mais elle sembla ne pas le reconnaitre. Et deux secondes plus tard, elle avait disparu, avalée par la foule. Était-ce encore un mirage ? Raphaël se précipita dans la salle XVIe. Le rythme de son cœur s'accéléra quand il se retrouva face au portrait de Titien. Le tableau était à sa place, dans son cadre doré, et le peintre vénitien paraissait même lui sourire. Raphaël prit alors son téléphone portable pour vérifier qu'il était bien dans la bonne salle. Un gardien lui demanda de ranger son téléphone. « C'est juste pour la photo », expliqua-t-il. « Les photos sont interdites », répondit l'homme dans un français parfait. Raphaël allait abandonner la partie quand il se souvint des propos d'Hermine : « Aller droit à l'essentiel. » Il demanda alors à rencontrer le conservateur du musée et, tentant le tout pour le tout, déclara : « Monsieur, on vient de voler un tableau ! »

Comment ce tableau a-t-il pu être volé ?

Voici un autoportrait de Titien.
Il s'agit d'un rectangle de 0,96 m sur 0,75 m.
D'ailleurs, quelle est l'aire de ce tableau ?

a. 3,42 m^2 **b.** 0,72 m^2 **c.** 1,71 m^2

Si tu as trouvé a. → Lis le n° 4.
Si tu as trouvé b. → Lis le n° 12.
Si tu as trouvé c. → Lis le n° 26.

mémo 18

20

Non, Santa Lucia est beaucoup trop loin. Et l'angle n'est que de 60°. → Recommence l'exercice du n° 21.

21

Éléonore Magdelaine, intriguée, fronça les sourcils. Puis, elle retrouva son superbe sourire, comme un réflexe ou une défense :

– Volé ? Qu'est-ce qui vous fait croire ça ?

Raphaël s'empressa de lui montrer la photo qu'il avait prise par accident.

– Hum… fit-elle. Vous savez, il arrive souvent que, dans un musée, on déplace un tableau pour en ôter la poussière.

– Je crois savoir que c'est une opération délicate qui prend beaucoup de temps. Il n'y a que quelques heures qui séparent le moment où le tableau a disparu et le moment où il a été replacé.

– Vous m'avez l'air bien informé, puis-je vous demander ce que vous faites dans la vie ?

« Aller à l'essentiel », avait dit Hermine ; alors Raphaël répondit avec fierté :

– Je suis peintre et Titien n'a aucun secret pour moi.

– Hum, artiste peintre… et amateur d'énigmes à ce que je vois. Écoutez, je vais me renseigner auprès du personnel et je vous tiendrai informé.

– Le plus tôt sera le mieux, dit-il, aussi impatient de dénouer le mystère du Titien que de revoir la belle Éléonore.

– Très bien, fit-elle rapidement. 19 heures ce soir, au Pirandello Bar, au pied du palais…

Un bruit assourdissant masqua la fin de sa phrase.

Raphaël n'eut pas le temps de redemander à Éléonore de quel palais il s'agissait qu'elle avait déjà pris congé. Dans le reflet d'un imposant miroir, il vit qu'elle ne souriait plus.

Raphaël trouvera-t-il le lieu du rendez-vous ?

Tout le long des canaux et principalement du Grand Canal, on peut admirer de somptueux palais, comme celui de Ca' d'Oro. Ces palais ont été construits pour servir de résidence, mais surtout d'élégants magasins. Si le rez-de-chaussée servait d'entrepôt pour les marchandises, les étages étaient réservés aux acheteurs et négociants pour lesquels on organisait de merveilleuses fêtes.
À l'époque, le Grand Canal était la plus belle et la plus riche « avenue » du monde !

Mais où peut bien se trouver le Pirandello Bar, le lieu du rendez-vous ?
Pour le savoir, trace cette figure au crayon de papier sur le plan de Venise, page 3.

L'Accademia est le point A ; la place San Marco est le point B ; le Pirandello Bar est le point C.
À quel lieu de Venise correspond le point C, sachant que :
– Le segment [AB] est de même longueur que le segment [BC].
– L'angle $\widehat{ABC}$ (dont le sommet est en B) est de 90°.

Le point C désigne le palais Ca' d'Oro → Lis le n° 7.
Le point C désigne la gare Santa Lucia → Lis le n° 20.
Le point C désigne Castello → Lis le n° 18.

mémo 13

22

Certaines de tes réponses sont justes, mais pas toutes... Pourtant, tu avais raison d'utiliser une diagonale... Mais pas n'importe laquelle ! → Retourne à l'exercice du n° 7.

23

Attention, les piles ne sont pas bien polarisées : on doit toujours passer du + au –. → Refais l'exercice du n° 5.

24

Faux ! Ne t'occupe ni du zéro ni de la virgule. Ils s'annulent... → Refais l'exercice du n° 25.

25

Raphaël, après s'être égaré dans les dédales de la ville, s'arrêta sur les pontons des Zattere[*] et regarda passer au loin d'immenses paquebots, bien plus hauts que tous les bâtiments de la ville. Cette pause l'aida à retrouver sa bonne humeur. Après tout, c'était peut-être la fatigue et son imagination fantasque qui lui jouaient des tours. Il devait sans doute y avoir une multitude d'explications rationnelles pour éclaircir l'énigme du tableau disparu. Apaisé, il entra dans une librairie française qui se trouvait tout près. Il était en train de feuilleter une bande dessinée de Corto Maltese[**] quand il fit tomber toute une pile de livres. En les ramassant, il découvrit un roman : *Palette de mensonges* signé Hermine di Rosa. Stupéfait, il retourna aussitôt l'ouvrage. Mais l'auteur de *Palette de mensonges* ne ressemblait pas du tout à son Hermine à lui. Il s'agissait d'un homonyme. Quelle drôle d'histoire !

---

* Ce sont des quais avec des pontons de bois sur lesquels les Vénitiens ont l'habitude de se promener, de manger des glaces ou de faire leur jogging.

** Personnage de bande dessinée créé par Hugo Pratt, qui a lui-même passé son enfance à Venise. L'atmosphère mystérieuse de Venise se prête bien aux aventures de Corto Maltese.

Quand on s'appelle Dupont, c'est quelque chose qui vous arrive tous les jours, mais Hermine di Rosa, tout de même !… Il appela aussitôt la vieille dame du train pour lui raconter la curieuse coïncidence. Une voix métallique préenregistrée lui annonça : « Le numéro que vous avez demandé n'est pas en service. Le numéro que vous avez demandé n'est pas en service. Le numéro… »

Hermine di Rosa aurait-elle menti à Raphaël ?

Hermine di Rosa n'a pas donné le bon numéro. Ou alors Raphaël a oublié d'utiliser les indicatifs internationaux…
Tu dois trouver le bon numéro d'Hermine. **Pour cela, réalise l'opération suivante : 74 250 280 × 5,6.**

a. 451 108 586
b. 415 801 568
c. 145 180 865

Si tu as trouvé a. → Lis le n° 8.
Si tu as trouvé b. → Lis le n° 15.
Si tu as trouvé c. → Lis le n° 24.

mémo 9

26

Attention, pour le calcul d'aire, on n'utilise pas une addition, mais une multiplication.

→ Recommence l'exercice du n° 19.

27

Ce n'est pas la bonne réponse, es-tu certain(e) d'avoir bien commencé à calculer en partant des centièmes, et non pas des centaines de mille ?

→ Retourne à l'exercice du n° 15.

28

Regarde plus attentivement, ces circuits sont ouverts, le courant ne peut pas passer.

→ Recommence l'exercice du n° 5.

3

Trafic et faux-semblants

1

– Aucun doute, ce tableau est un faux ! déclara Raphaël.

Venise n'est pas une ville de noctambules et, quand Raphaël et Éléonore quittèrent l'Accademia, les rues étaient sombres et désertes. Éléonore marchait vite, étrangement silencieuse, et Raphaël la suivait, le souffle court. Ils empruntaient des ruelles plus obscures que des coupe-gorges et traversaient des places effroyablement vides. Où se cachent donc les habitants et les touristes ? pensait Raphaël. Enfin, ils arrivèrent près de la gare où quelques restaurants rangeaient leur terrasse.

– Qu'allons-nous faire ? demanda Raphaël.

– J'irai demain prévenir la police. Rendez-vous devant la Salute* à 15 heures.

En rentrant à son hôtel, Raphaël médita sur cette incroyable journée : il avait l'impression d'avoir quitté Paris des mois plus tôt. Il y avait d'abord eu ce voyage en train avec Hermine di Rosa, l'incroyable photo ensuite, puis son escapade en pleine nuit au musée avec cette conclusion

* Cette église aux deux coupoles fut érigée quand l'épidémie de peste, qui ravageait Venise, prit fin en 1630.

effarante : l'autoportrait de Titien avait été volé et remplacé par un faux. Mais, surtout, il y avait sa rencontre avec Éléonore Magdelaine. Une jeune femme au sourire ravageur, mais une jeune femme terriblement déterminée aussi. Raphaël la revoyait ouvrir les portes de l'Accademia et marcher sans trembler dans l'obscurité des salles comme si tout cela était normal. Il en avait la chair de poule…

Demain, Raphaël sera-t-il enfin rassuré ?

La chair de poule est une des réponses de notre corps au froid, mais aussi face à la peur. Que veut-elle exprimer ?

- **Par cette chair de poule, notre peau devient beaucoup plus dure. Donc, si on nous agresse, nous serons plus forts. → Lis le n° 17.**
- **Lorsqu'on a peur, on a besoin d'être rassuré. Comme personne ne nous prend dans ses bras, la chaleur de nos muscles nous rassure. → Lis le n° 13.**
- **C'est un reste de notre état animal, lorsque nous avions encore beaucoup plus de poils… En se redressant, ces poils montraient notre détermination et effrayaient notre adversaire ! → Lis le n° 6.**

mémo 19

2

Faux ! 100 ans = 1 siècle. Et 200 ans ? → Retourne au n° 6.

3

Le soir tombait déjà, et le ciel se remplissait de gros nuages. Pour se changer les idées, Raphaël se rendit sur l'ile du Lido et suivit la foule jusqu'à la plage publique. Nul ne se baignait, car la nuit était tombée. Sur le chemin du retour, il prit une glace dans une « gelateria »*. La jeune fille qui le servit n'était autre que celle qu'il avait croisée lisant Thomas Mann dans le cloitre du cimetière. Il constata la coïncidence et se dit qu'Hermine avait raison : Venise était un lieu de rencontres et de sortilèges. En passant devant la façade dorée du palais Ca' d'Oro dont le reflet dansait au gré des vagues, Raphaël songea au nombre de pilotis nécessaires pour soutenir ce somptueux palais gothique. Il avait lu dans son guide de voyage que l'église de la Salute en comptait à elle seule plus d'un million ! Il se mit alors à imaginer la forêt de piliers qui régnait sous l'eau…

---

* Marchand de glaces.

Où les rêveries de Raphaël vont-elles le mener ?

Au départ, Venise s'est développée sur ses ilots. Mais il lui a fallu s'étendre. On a alors construit directement sur la mer, à l'aide de pilotis. Ce sont donc des forêts de pieux, plantés sous les lourdes bâtisses, permettant une assise plus solide que la vase de la lagune. Ces pilotis serrés ont aussi pour conséquence de stabiliser le sol. C'est en partie grâce à eux que Venise ne coule pas. On compte 12 000 pilotis sous le pont Rialto, 100 000 sous le campanile Saint-Marc et 1 156 627 sous la Salute !

Combien de pieux y a-t-il par m² pour soutenir la Salute ?

	Mesure de l'aire de la surface de la Salute	**Unité d'aire de la surface**
	5 700 m^2	1 m^2
Nombre de troncs	Environ 1 150 000	....

Environ 202 troncs par m^2 → Lis le n° 21.
Environ 49 troncs par m^2 → Lis le n° 19.
Environ 20 troncs par m^2 → Lis le n° 14.

mémo 10

4

Tu t'es trompé(e) ! L'échelle indique que 200 m à Venise correspondent à 1 cm sur la carte. Il faut absolument en tenir compte. Pense à transformer toutes les mesures sur cette base. → Retourne à l'exercice du n° 18.

5

Es-tu certain(e) de voir un rectangle ? On ne voit pourtant pas d'angle droit... → Retourne à l'exercice du n° 21.

6

Raphaël se promena toute la matinée, laissant le hasard guider ses pas. Comme la veille, il fut le témoin d'un évènement malencontreux. Des pêcheurs aux mains noircies par l'encre de seiche avaient attaché leurs bateaux et s'étaient installés dans un bar. De la terrasse, Raphaël les entendait qui parlaient fort. Soudain, un homme venu de nulle part sauta sur le bateau et le fit démarrer d'un geste habile. Personne n'eut le temps de réagir. Trois minutes plus tard, le voleur était déjà loin sur la lagune. Dans une ville sans voiture, on vole les bateaux… ou les tableaux ! Raphaël n'en revenait pas. Vers 15 heures, il s'installa tout au bout de la jetée, derrière la Salute. Il avait l'étrange impression d'être arrivé au bout du monde. En face se trouvait l'ile de San Giorgio Maggiore[*]. L'église du même nom abritait la célèbre *Cène*[**] du Tintoret. Raphaël se promit de la visiter un jour. Aller à l'église par la mer, c'était aussi ça Venise !… Le soleil brillait sur toute la lagune et ornait les palais d'une lumière rose et ocre. Quand Éléonore arriva derrière lui et lui fit une tape dans le dos, Raphaël perdit l'équilibre et faillit tomber dans la lagune.

Éléonore a-t-elle voulu faire tomber Raphaël ?

Une lagune est une étendue d'eau comprise entre la terre et un cordon de sable qui se forme au fil du temps. Les vagues de la mer poussent du sable vers la côte, et ce sable est repoussé dans l'autre sens par l'eau des rivières. Pris entre ces deux forces, le sable forme ainsi une sorte de dune. C'est cette lagune qui est à l'origine de l'existence de Venise.

* Ile de Venise située en face de la place Saint-Marc et du Palais des Doges.
** Un des plus célèbres tableaux représentant le dernier repas de Jésus-Christ avec ses apôtres.

La lagune, c'est également la cause des problèmes de Venise. Le fond de la lagune s'affaisse et Venise s'enfonce dans les eaux de 12 cm par siècle. Dans 200 ans, si rien n'est fait, de combien de centimètres se sera enfoncée Venise ?

a. 24 cm **b.** 42 cm **c.** 212 cm

Si tu as trouvé a. → Lis le n° 24.
Si tu as trouvé b. → Lis le n° 2.
Si tu as trouvé c. → Lis le n° 16.

7

Bravo ! → Tu peux maintenant passer au chapitre 4 ! Raphaël va-t-il enfin trouver la clef du mystère qui entoure le tableau de Titien ?

8

Souviens-toi que le rayon d'un cercle correspond à l'écartement des bras du compas. → Retourne au n° 18.

9

Le vaporetto 52 était bondé de touristes lorsque Raphaël descendit à San Michele. L'ile était ceinte de hautes murailles roses et tout le cimetière était baigné de soleil. Juste des morts et ce silence infini qui enveloppait l'air. Raphaël sentait l'inquiétude le gagner et il marchait de plus en plus vite avec l'étrange impression d'être suivi. Pourtant, quand il se retournait brutalement, il ne voyait que l'étendue des tombes muettes. Mais alors, comment expliquer cette présence dans son dos qui semblait accompagner chacun de ses pas ? Il prit quelques

photos de la chapelle toute ornée de coquillages. Il observa également, en se promenant, plusieurs coquillages fossilisés, à demi enfouis dans le sol de l'ile.

Soudain, il perçut distinctement du bruit à l'entrée du cimetière. C'était un convoi mortuaire qui venait d'être acheminé en bateau. Plus tard, dans le petit cloitre, il vit une jeune femme tout de noir vêtue qui lisait *Mort à Venise* de Thomas Mann. Cette promenade sur cette ile hantée par le passé lui laissait décidément une drôle d'impression…

Qui sortira Raphaël de cette promenade dans le passé ?

San Michele est appelée l'ile des Morts car elle abrite le cimetière de Venise. Elle a été ainsi transformée par Napoléon au début du XIXe siècle, pour des raisons sanitaires : il fallait empêcher que les épidémies ne se propagent. Aujourd'hui, cette ile est très souvent visitée : les touristes viennent se recueillir sur les tombes de personnalités telles que Igor Stravinski, un célèbre compositeur russe.

Raphaël a trouvé un fossile de coquillage au pied de la chapelle.
Remets dans l'ordre les vignettes qui représentent les différentes étapes de sa fossilisation.

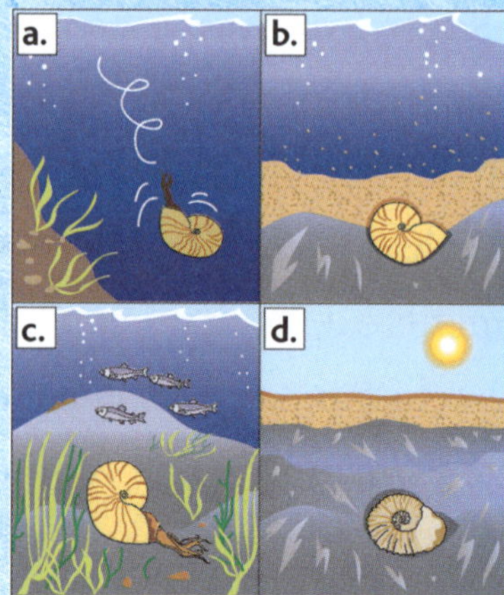

a. Il meurt et tombe dans le fond marin.
b. La coquille est recouverte de vase déposée par la mer (les sédiments).
c. Le coquillage vit dans la mer.
d. La mer s'est retirée, le fossile est pris dans la roche.

....

Si tu as écrit c. ; a. ; b. ; d. → Lis le n° 18.
Si tu as écrit b. ; a. ; d. ; c. → Lis le n° 20.
Si tu as écrit b. ; a. ; c. ; d. → Lis le n° 23.

10

Faux ! Souviens-toi : 100 000 = 1 centaine de milliers, 1 000 000 = 1 million.

→ Retourne à l'exercice du n° 12.

11

N'oublierais-tu pas les figures à trois côtés qu'on appelle des triangles ? → Retourne à l'exercice du n° 21.

12

Raphaël alla immédiatement porter plainte au commissariat. Quand le policier lui demanda s'il avait perdu son téléphone ou si ce dernier avait été volé, Raphaël fut bien embêté. Comment savoir ? L'agent s'impatientait et ne prêtait que peu d'intérêt à l'affaire. Pour retenir son attention, Raphaël parla de la photo en lui expliquant que c'était la preuve irréfutable du vol du Titien. Le policier ne semblait rien comprendre à ce que Raphaël racontait.

– Mais si, le vol de l'Accademia ! Mademoiselle Éléonore Magdelaine est venue vous informer de ce vol hier après-midi ! s'énerva Raphaël.

L'homme le regarda avec suspicion, mais, par acquit de conscience, vérifia si une plainte au nom de Magdelaine avait été enregistrée la veille. Il n'en trouva aucune trace. « Vous devez faire erreur ! » insista Raphaël. Le policier était formel : cette Magdelaine n'était jamais passée au commissariat. Raphaël avait l'impression de devenir fou. Quand il sortit, il acheta une carte téléphonique pour appeler Éléonore et élucider ce nouveau mystère.

La standardiste de l'Accademia lui apprit qu'Éléonore était souffrante et qu'elle avait pris un jour de congé. « Rappelez plus tard », dit-elle aimablement. Abattu, Raphaël raccrocha en pensant avec amertume que tout Venise se jouait de lui. Cette ville pourtant si romantique commençait à ressembler à un long cauchemar.

Éléonore refuse-t-elle de lui répondre ?

Pourtant, Raphaël avait retenu par cœur le numéro d'Éléonore à l'aide de ce moyen mnémotechnique :

- Le chiffre de ses centaines est le double du chiffre de ses milliers.
- Le chiffre de ses centaines de milliers est la moitié de celui de ses dizaines.
- Le chiffre de ses millions est le même que celui de ses unités simples.
- L'addition de ses chiffres fait 42.

Quel est le bon numéro ?

a. 415 785 881 **b.** 415 393 665 **c.** 415 242 445

Si tu as trouvé a. → Lis le n° 10.
Si tu as trouvé b. → Lis le n° 3.
Si tu as trouvé c. → Lis le n° 22.

mémo 1

13

Tu t'es trompé(e) ! En revanche, il y a un rapport avec des muscles, très nombreux et minuscules...

→ Recommence l'exercice du n° 1.

14

Attention, tu ne dois oublier aucun zéro dans ton calcul !

→ Refais l'exercice du n° 3.

15

Raphaël sortit précipitamment son portable de sa poche :

– Éléonore, j'avais oublié que mon téléphone avait une fonction zoom !

Ils zoomèrent au maximum sur la photo du Titien, mais ne découvrirent aucun indice nouveau.

Éléonore sortit alors son miroir-loupe. À présent, ils pouvaient distinguer, près du cadre vide, une main gantée et un bout de manche bigarrée. Cela faisait comme des triangles.

– C'est bizarre, cette manche de toutes les couleurs… Personne ne s'habille comme ça… Qu'est-ce que ça veut dire ?

Éléonore détourna le regard, l'air préoccupé.

– En tout cas, conclut Raphaël, le gant confirme la piste du vol.

Ils firent ensuite quelques pas sans plus se parler. Éléonore était soucieuse et semblait être pressée de quitter Raphaël. Elle lui tendit sa carte de visite et, sans grande conviction, lui dit : « Téléphonez-moi ou passez donc me voir un jour au musée. Qui sait ? J'en saurai peut-être un peu plus... » Raphaël la raccompagna jusqu'à l'Accademia et prit plus tard un vaporetto pour se rendre à San Michele, célèbre endroit qui abrite le cimetière de Venise et que l'on appelle l'ile des Morts.

Cette escapade en vaporetto rapprochera-t-elle Raphaël de son but ?

Aucune voiture dans Venise ! Alors comment se déplacer ? À pied, bien sûr, mais aussi en barque, gondole, bateaux de police, bateaux de pompiers et, surtout, en vaporetto. C'est un peu comme des autobus flottants qui, pour les plus gros, peuvent transporter jusqu'à 500 personnes. En plus de se rendre dans tous les coins de la ville, prendre un *vaporetto*, c'est aussi le meilleur moyen d'admirer les façades des palais vénitiens...

Que voient Éléonore et Raphaël en zoomant sur l'écran portable ?

- un bras tatoué
- une manche bigarrée
- aucun indice supplémentaire

Recopie ta réponse :

C'est ton TROISIÈME INDICE. Note-le sur ta page-indices, page 117.

Maintenant → lis le n° 9.

16

Un conseil : transforme ces 200 ans en siècles et relis bien l'énoncé… → Recommence l'exercice du n° 6.

17

Ce n'est pas la bonne réponse ! → Retourne au n° 1.

18

Au moment où il s'apprêtait à quitter l'ile des Morts, Raphaël tomba nez à nez avec Hermine di Rosa.

Il était vraiment heureux de la retrouver :

– C'est fou de se croiser comme ça, par hasard !

– Vous savez, sourit-elle, Venise n'est pas si grande. Vous risquez bien de me revoir avant votre départ.

– Mais j'espère bien, vous êtes un peu mon ange-gardien dans cette ville.

– Vous croyez ? Vous me flattez, jeune homme…

Ils riaient tous les deux. L'arrivée du vaporetto interrompit leur conversation. Avant de monter dans l'embarcation, Raphaël n'eut pas le temps de lui dire qu'il avait mal noté son numéro de téléphone. Le bateau démarrait déjà, faisant éclabousser des gerbes d'eau. Hermine restait sur l'ile. « J'ai encore quelqu'un à voir », avait-elle dit d'un air très mystérieux. Raphaël n'avait pu s'empêcher d'imaginer qu'Hermine avait aimé dans sa lointaine jeunesse un Vénitien, un Carlo ou un Antonino, mort aujourd'hui et enterré ici. « Chaque année, elle doit venir au cimetière se recueillir sur sa tombe. Tout cela est tellement romantique ! » se surprit-il à penser, lui qui d'ordinaire ne réservait à l'amour qu'un intérêt limité. Dans la foulée, il décida d'inviter Éléonore à diner un soir. Mais quand il voulut l'appeler, il découvrit avec stupeur que son portable avait disparu.

Où Raphaël se rendra-t-il après cette dernière découverte ?

Pour le savoir, réalise ces trois tracés sur le plan de Venise page 3, en respectant l'échelle.
Leur intersection déterminera le lieu de sa destination.

1. Trace un cercle dont le centre est l'ile San Michele et de rayon 600 m.

2. Trace un cercle dont le centre est le Palais ducal et de rayon 400 m.

3. Trace un cercle dont le centre est la gare Santa Lucia et de rayon 600 m.

Il va au commissariat à côté du Pont Rialto.
→ Lis le n° 12.

Il retourne voir Éléonore à l'Accademia.
→ Lis le n° 4.

Il va voir les horaires de train à la gare Santa Lucia.
→ Lis le n° 8.

mémo 14

19

Tu t'es trompé(e) ! 5 700 est-il bien le diviseur dans ta division ? → Retourne à l'exercice du n° 3.

20

Attention, une fois fossilisé, le coquillage n'a aucune chance de redevenir vivant ! → Refais l'exercice du n° 9.

21

La journée avait été riche en rebondissements et Raphaël n'avait qu'une envie : dormir ! Il pressa le pas, de peur de trouver son hôtel fermé. Pourtant, près de la gare, il se laissa distraire par un spectacle de rue. Quelques comédiens déguisés jouaient les personnages les plus célèbres de la Commedia dell'arte. Il y avait là Colombine, Polichinelle, Brighella, mais surtout Arlequin, avec son vêtement de couleurs et son masque noir. Tel un acrobate, Arlequin, faisait des cabrioles et voltigeait dans l'air. Les gens riaient et applaudissaient à tout rompre. Soudain, dans le public, Raphaël reconnut Éléonore. « Éléonore ! Éléonore ! » cria-t-il vers elle. Éléonore sursauta, et le comédien déguisé en Arlequin sursauta à son tour. Il regarda dans la direction d'Éléonore et s'arrêta net de jouer. C'était clair : il venait de la reconnaitre. Il prit alors la fuite d'un seul coup. Et c'est là, c'est là que Raphaël comprit…

Qu'est-ce que Raphaël a compris en voyant l'Arlequin ?

La Commedia dell'arte est une manière de faire du théâtre. Originaire d'Italie, elle se joue dans la rue. Les comédiens doivent improviser les textes au fil de la pièce. Cachés derrière des costumes et des masques, ils jouent des farces. Les héros sont : la belle Colombine, le vieil avare Pantalone, le toujours ridicule docteur Il Dottore, Pulcinella, le serviteur idiot, et ... Arlequin, parfois un peu crédule, mais aussi révolté !

Raphaël a vu sur la photo une manche avec des triangles bariolés. Serait-ce celle d'Arlequin ?
Observe la figure. Combien de figures géométriques peux-tu compter en tout ?

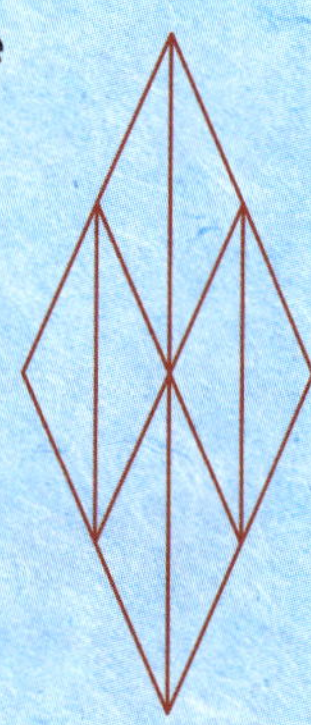

....

- 4 losanges, 1 rectangle et 2 triangles → Lis le n° 5.
- 5 losanges et 1 rectangle → Lis le n° 11.
- 4 losanges à l'intérieur d'un grand losange, et 8 triangles (placés 4 par 4 dans deux autres grands triangles) → Lis le n° 7.

mémo 15

22

Tu t'es trompé(e) ! Et si tu écrivais ces nombres dans ce tableau de numération ?

classe des millions			classe des milliers			classe des unités		
c	d	u	c	d	u	c	d	u

→ Retourne à l'exercice du n° 12.

23

Faux, pourtant la fin est juste. Regarde à nouveau le début. Crois-tu vraiment possible que la sédimentation (b.) se fasse avant la mort de l'animal (a.) ?

→ Retourne à l'exercice du n° 9.

24

– Vous m'avez fait peur ! cria Raphaël, j'ai failli tomber !

Éléonore se mit à rire, mais elle reprit vite son sérieux :

– Je suis allée voir la police, chuchota-t-elle. Je leur ai tout raconté. Une enquête est ouverte. En attendant, nous devons garder le silence.

– Mais pourquoi ? demanda Raphaël.

– Si jamais le tableau est vraiment un faux, il ne faudrait pas attirer l'attention des faussaires et prendre le risque qu'ils quittent trop tôt la ville.

– Alors, pour nous, l'aventure est terminée ? demanda-t-il, déçu.

– À moins de jouer les détectives de notre côté…

Raphaël ne savait pas si elle plaisantait. Éléonore Magdelaine : un doux nom pour une mystérieuse jeune femme… Soudain, un Américain leur tendit son appareil numérique et leur demanda s'ils

pouvaient le prendre en photo. Raphaël s'exécuta de bonne grâce. La photo prise, l'homme zooma et, satisfait du résultat, les gratifia d'un vibrant « Thanks a lot!* ». À ce moment-là, Raphaël s'écria brusquement : « Éléonore, je viens d'avoir une idée ! »

Quelle idée vient d'avoir Raphaël ?

Reproduis, en agrandissant la figure, les traits du sol, des murs et du plafond ainsi que les trois tableaux à l'aide du quadrillage.

Bravo ! → Lis maintenant le n° 15.

* Merci beaucoup (en anglais).

4

Poursuites sur la lagune

1

L'Arlequin courait en direction du pont Scalzi tel un bolide. Les gens criaient à son passage « Arlecchino ! Arlecchino ! » Parfois il se retournait et Raphaël apercevait alors son masque noir aux traits démoniaques. L'homme courait tellement vite qu'on aurait dit qu'il volait au-dessus des ruelles. Raphaël ne le lâchait pas d'une semelle. Il devait le rattraper, coute que coute ! Ponts minuscules, canaux secrets, arcades obscures, passages étroits et places désertes, Venise avait laissé tomber ses plus beaux ornements. Soudain, Raphaël ne vit plus l'homme. Il avait disparu derrière un petit pont en fer forgé. Raphaël longea le canal, le cœur battant fort dans sa poitrine, mais il ne vit personne, tout était silencieux. D'un seul coup, l'Arlequin s'échappa d'un coin sombre tel un diable de sa boite et sauta sur Raphaël. Les deux hommes se mirent à se battre. Raphaël essayait d'arracher le masque noir pour voir à quoi ressemblait son agresseur. Mais l'Arlequin ne se laissait pas faire. D'un seul coup, il empoigna la gorge de Raphaël et fit basculer sa tête au-dessus de l'eau : « Sparisci o sei morto ! »*, lui lança-t-il avant de s'enfuir. Raphaël eut l'impression que son cœur s'arrêtait…

Raphaël va-t-il se sortir de cette mauvaise passe ?

En temps ordinaire, le rythme cardiaque est d'environ 70 pulsations par minute.
Après un effort, il peut aller 2 fois et demie plus vite.
Dans ce cas, à combien le cœur bat-il ?
Fais ton calcul de tête ! **Entoure la réponse.**

Le cœur bat à 140 pulsations. → Lis le n° 13.
Le cœur bat à 175 pulsations. → Lis le n° 18.
Le cœur bat à 225 pulsations. → Lis le n° 5.

mémo 9

* Disparais ou tu es mort ! (en italien)

2

Non, ce n'est pas la bonne réponse. Il faut transformer les 16 km/h en kilomètres par minute. Après, le calcul sera plus facile. → Retourne à l'exercice du n° 14.

3

Es-tu certain(e) d'avoir pris le temps de compter exactement tout ce qu'elle possédait avant de miser ? Essaie encore une fois. → Recommence l'exercice du n° 26.

4

Attention, trois quarts, c'est plus petit que 1, car 1 c'est quatre quarts. Donc, si tu vois des valeurs au-dessus de 1, c'est qu'il y a un problème. → Retourne à l'exercice du n° 20.

5

Tu t'es trompé(e). Il faut remplacer « 2 fois et demie » par un nombre à virgule, puis calculer. → Retourne au n° 1.

6

Après quelques heures de sommeil, Raphaël

se rendit à l'Accademia, bien décidé à parler à Éléonore afin de comprendre pourquoi elle n'avait finalement pas porté plainte à la police. Quand il arriva, Éléonore était déjà là.

– Je vous attendais, dit-elle. J'étais sure que vous viendriez.

Elle commença alors à tout lui raconter. Quelques mois plus tôt, elle avait été intriguée par un jeune homme qui passait des heures dans la salle XVIe, face à l'autoportrait de Titien. Il prenait des notes, dessinait des esquisses. Ils avaient finalement fait connaissance et Paolo – c'était son nom – lui avait expliqué qu'il était peintre. C'était un autodidacte incroyablement doué. Il vivait à Mestre, mais chaque jour il se rendait à l'Accademia étudier les plus grands maitres. Il gagnait un peu d'argent en tant que comédien dans une compagnie de théâtre qui se produisait dans les rues de Venise. Comme il était le plus souple et le plus agile, c'était toujours lui qui endossait le rôle d'Arlequin. Il donnait au moins cinq spectacles par jour. Pour gagner du temps, il gardait toujours sous ses vêtements de ville son costume aux losanges bariolés. Éléonore, séduite par le personnage, l'avait autorisé à peindre dans le musée, malgré les réticences du conservateur.

Un jour, il n'était plus venu. Éléonore s'en était inquiétée, puis avait fini par l'oublier.

– Et puis… et puis vous connaissez la suite. Quand vous m'avez montré la photo, j'étais comme vous : incapable de comprendre quoi que ce soit. C'est quand nous avons découvert les losanges en zoomant sur la photo que j'ai repensé à Paolo. Il y avait ce costume d'Arlequin qui le trahissait.

Raphaël la regarda droit dans les yeux et lui demanda tout net :

– Pourquoi ne m'avoir rien dit ? Et l'avez-vous rencontré ailleurs ?

Éléonore aurait-elle rencontré cet Arlequin en dehors de l'Accademia ?

Peut-être Éléonore a-t-elle rencontré l'Arlequin sur une gondole ? Qui sait...
Voici la silhouette d'un fer de gondole. Reproduis-la en deux fois plus grand sur une feuille, à l'aide des gabarits et des lignes de construction sur le modèle de droite.
Tu auras besoin de ta règle et de ton compas.

Tu as réussi ? Bravo ! **Maintenant → tu peux lire le n° 12.**

7

N'utilise pas la donnée numérique 7. Elle ne sert pas au problème. Essaie encore. → Retourne à l'exercice du n° 26.

8

Hermine di Rosa ? Mais qui était-elle vraiment ? Une mécène ? Une trafiquante ? Et où était-elle à présent ? Éléonore lui demanda, impatiente :

– Voyons Raphaël, réfléchissez… Comment avez-vous rencontré cette Hermine et que vous a-t-elle dit qui puisse nous éclairer ?

– Je l'ai rencontrée dans le train, on a parlé peinture. Elle m'a raconté qu'elle avait quatre galeries d'art à Paris. C'est sûr, j'étais impressionné.

– Lui avez-vous dit que vous étiez peintre ? demanda Éléonore tout excitée.

– Oui, il me semble.

– Hum, fit Éléonore, je vois…

– Mais quoi, vous voyez quoi ?

– Il se pourrait bien que cette femme soit une trafiquante. À mon avis, elle doit recruter des peintres et des copistes talentueux. Ensuite… elle doit leur promettre la lune pour les convaincre de jouer les faussaires.

Éléonore commençait à perdre son sang-froid habituel.

– C'est sans doute ce qui s'est passé avec Paolo. Et cela aurait pu vous arriver à vous aussi !

Éléonore a-t-elle raison de perdre son sang-froid ?

Éléonore s'énerve, et l'émotion fait battre son cœur plus fort, comme après un effort.
Et si notre cœur ne battait pas, que se passerait-il ?

Notre corps se fatiguerait car notre sang ne circulerait pas aussi vite. → Lis le n° 27.

Notre corps ne serait ni nourri ni oxygéné car le sang ne circulerait plus. → Lis le n° 24.

Nous devrions respirer plus fort et manger plus, afin que notre corps soit préservé. → Lis le n° 25.

9

Bravo, il s'agissait bien de DI ROSA ! Hermine va venir en aide à Raphaël. → Lis la suite au n° 26.

10

Il y a une erreur… Peut-être t'es-tu trompé(e) dans la conversion des kilomètres en mètres.
→ Retourne à l'exercice du n° 29.

11

Tu t'es trompé(e). Dis-toi que trois quarts c'est trois morceaux de quelque chose que l'on aurait coupé en quatre. → Retourne à l'exercice du n° 20.

12

Éléonore expliqua qu'elle avait eu peur.

– Peur de perdre ma place au musée. D'une certaine manière, j'étais un peu responsable en ayant laissé Paolo faire des copies.

– Pourquoi m'avoir menti, alors ? coupa Raphaël qui ne savait plus s'il devait la croire. Éléonore ne souhaitait apparemment pas expliquer si elle avait vu Paolo ailleurs qu'à l'Accademia. Pourquoi ne pas être allée à la police ?

– Je suis désolée, Raphaël. Je vous l'ai dit : j'ai eu peur, j'ai paniqué. Hier, j'ai passé ma soirée à rechercher Paolo. Je connaissais son adresse à Mestre, je m'y étais déjà rendue. C'est finalement dans les rues de Venise que je l'ai enfin retrouvé, j'attendais qu'il finisse son spectacle pour lui poser des questions. Je crois que j'espérais encore qu'il ne soit pas mêlé à toute cette histoire. Sa fuite prouve malheureusement le contraire. Mais soyez rassuré, je suis allée à la police ce matin même. Apparemment, ils sont déjà sur une piste. À propos, un inspecteur m'a parlé de vous et m'a expliqué qu'ils avaient retrouvé votre portable que vous aviez égaré à San Michele.

Raphaël et Éléonore se donnèrent rendez-vous un peu plus tard. Raphaël alla récupérer son téléphone au poste de police. Un agent lui expliqua que c'était une jeune femme qui l'avait retrouvé au cimetière San Michele. « En venant le déposer, elle a d'ailleurs oublié son livre. » *Mort à Venise* de Thomas Mann…

Raphaël retourna ensuite à son hôtel pour recharger la batterie de son portable. Là, une autre surprise l'attendait : on avait fouillé sa chambre pendant son absence. Toutes ses affaires personnelles, carnet d'adresses, livres et vêtements étaient éparpillées. Rien ne manquait cependant. Qui avait pu faire ça ?

Qui a bien pu fouiller la chambre de Raphaël ?

Raphaël commence vraiment à douter de son entourage.

- Éléonore lui a menti : elle n'est pas allée à la police et elle connaissait cet Arlequin. Raphaël estime qu'il y a 5 chances sur 10 qu'elle soit mêlée à ce vol ! Soit .... %
- Paolo semble vraiment coupable, d'autant qu'il fuit. Il estime qu'il y a 1 chance sur 10 qu'il ne soit pas mêlé à ce vol ! Soit .... %
- Hermine di Rosa semble aussi lui mentir : elle repart à la gare sans raison apparente, elle ne correspond pas à l'Hermine di Rosa en photo sur le livre, et elle se trouve très souvent sur le passage de Raphaël. Il estime qu'il y a 7,5 chances sur 10 qu'elle soit mêlée à ce vol ! Soit .... %

Si tu as trouvé Éléonore 50 % ; Paolo 10 % ; Hermine 75 %. → Lis le n° 16.

Si tu as trouvé Éléonore 5 % ; Paolo 1 % ; Hermine 7,5 %. → Lis le n° 21.

Si tu as trouvé Éléonore 0,5 % ; Paolo 0,1 % ; Hermine 0,75 %. → Lis le n° 28.

mémo 5

13

Faux ! Relis bien l'énoncé… On ne parle pas de 2 fois plus vite… → Retourne à l'exercice du n° 1.

14

Sans hésiter, Raphaël sauta dans un canot et, imitant les gestes du voleur de la veille, démarra en une seconde pour s'élancer à la poursuite de l'Arlequin…

Raphaël se laissait griser par la vitesse et fonçait sur le Grand Canal. Maintenant, il était juste derrière le

vaporetto. À l'arrêt San Marco, il abandonna son canot sur le quai et grimpa sur le vaporetto de Paolo. Hélas, il le vit en descendre par l'arrière. Il eut juste le temps de sauter à terre avant que le bateau ne redémarre. La poursuite commença. La place était bondée, les touristes criaient, mais Raphaël gagnait du terrain. Et alors qu'il était à deux doigts de rattraper Paolo, une dizaine de pigeons s'envolèrent juste devant lui. Raphaël ne pouvait plus avancer. Ces oiseaux le paralysaient complètement. Il allait perdre l'Arlequin, il allait le perdre pour de bon !

Va-t-il perdre l'Arlequin sur le Grand Canal ?

Le Grand Canal de Venise est plus qu'un canal. En l'absence de grandes rues, ce canal est l'artère principale de la ville. Il permet de circuler très vite d'un bout à l'autre de la ville. On passe donc sur ce canal soit pour travailler, soit pour admirer les palais ou encore pour se rendre dans les boutiques qui le longent. Ici, le Rialto, l'un des ponts qui traversent le magnifique Grand Canal.

Connais-tu la durée nécessaire pour parcourir le Grand Canal en vaporetto ?

- Longueur du Grand Canal : 4 km (environ)
- Vitesse du vaporetto : 16 km/h (environ)

Entoure la bonne réponse.

a. 12 min **b.** 15 min **c.** 20 km

Si tu as trouvé a. → Lis le n° 2.
Si tu as trouvé b. → Lis le n° 30.
Si tu as trouvé c. → Lis le n° 15.

mémo 6

15

Tu t'es trompé(e) ! Dans cet exercice, on cherche une durée donc des minutes, pas une longueur.

→ Retourne à l'exercice du n° 14.

16

Soudain, Raphaël reconnut très distinctement un parfum à la violette. Le parfum d'Hermine di Rosa ! Se pouvait-il que ce soit elle qui ait fouillé sa chambre ?

À la réception, Raphaël ne fut pas surpris d'apprendre que sa mère était passée le voir dans la matinée. « Une femme charmante, et si française avec ses cheveux relevés en chignon ! » Hermine di Rosa ! Pourquoi était-elle venue fouiller sa chambre ? Que cherchait-elle ? Raphaël comprenait de moins en moins.

Quand il retrouva Éléonore un peu plus tard, il lui raconta sa dernière aventure.

– Quand cette énigme sera résolue, j'écrirai un livre dessus. Ça s'appellera *Eaux troubles à Venise* promit Raphaël. En attendant, il fallait retrouver la trace de l'Arlequin.

Éléonore savait finalement peu de choses sur lui. Un jour, Paolo lui avait fait rencontrer son oncle qui travaillait à la « pescheria », le célèbre marché aux poissons. Peut-être pourrait-il les aider ? Sur les étals : loups, soles, seiches, daurades, anguilles et homards, bref, tout ce que les eaux salées et les eaux douces peuvent offrir.

Malheureusement, l'oncle de Paolo n'avait pas revu son neveu depuis plusieurs semaines. « Paolo doit bientôt partir pour les États-Unis avec une richissime Américaine. Elle a, parait-il, deux galeries d'art à New York. Une sacrée bonne femme avec son petit chignon ! »

Qui peut bien être cette richissime Américaine ?

Au fond, qui peut bien être cette femme ?

- C'est sans doute la mère d'Éléonore. Ce qui expliquerait pourquoi Éléonore connaissait Paolo...
- C'est sans doute Hermine di Rosa. D'ailleurs, on dit qu'elle possède deux galeries d'art et nous sommes habitués à ses mensonges...
- C'est sans doute une invention de Paolo, une couverture, comme on dit dans le milieu des truands...

Note ta réponse :

C'est ton QUATRIÈME INDICE. Note-le sur ta page-indices, page 117.

Maintenant → va au n° 8.

17

Essaie en utilisant un papier et un crayon pour écrire tes opérations. → Retourne à l'exercice du n° 24.

18

Raphaël se releva lentement, complètement étourdi. L'Arlequin était déjà sur la Piazzale Roma, dernier endroit de terre ferme pour les voitures. Deux minutes plus tard, le dangereux acrobate roulait en direction de Mestre, la ville industrielle reliée à Venise par un pont. Ce pont s'appelait le pont de la Liberté, se souvint Raphaël, qui trouva alors ce nom bien ironique. Peu à peu, il mit de l'ordre dans ses idées et tenta de comprendre ce qui venait d'arriver. Il était tellement agité qu'il parlait tout seul. Quel est le lien entre tous ces évènements ? Reprenons : un homme déguisé en Arlequin a dérobé un autoportrait de Titien. Il semble connaitre Éléonore et d'ailleurs… d'ailleurs, Éléonore n'a pas porté plainte à la police comme elle avait dit qu'elle le ferait ! Mais pourquoi ? Pourquoi n'avoir rien dit ? Le protège-t-elle ? Est-elle sa complice ? Mais alors, pourquoi m'a-t-elle emmené la nuit dernière à l'Accademia ? Raphaël ne comprenait rien. Il savait juste qu'il avait peur et que le hasard l'avait mêlé à une histoire qui commençait à l'inquiéter. Et comme un malheur ne vient jamais seul, Raphaël trouva porte close quand il arriva devant son hôtel. Il eut beau sonner et crier, l'hôtel était bel et bien fermé ! Qu'allait-il faire ? Il n'avait plus de téléphone, pas assez d'argent sur lui pour trouver une autre chambre et son passeport dormait à la réception de l'hôtel. Il était perdu, perdu dans la nuit noire de Venise. Il voulut se rendre au commissariat, mais il redouta qu'on le prenne pour un fou. Où passer la nuit ?

Mais qui va venir en aide à Raphaël ?

Heureusement, une personne va lui venir en aide.
Devine qui elle est à l'aide de cette grille de sudoku.
Voici la règle. Place les nombres 9, 15, 18, 19 dans cette grille de telle manière que :

1. chacun de ces nombres ne soit écrit qu'une seule fois par colonne et par ligne,

2. ce nombre ne soit écrit qu'une seule fois par carré de 4 cases.

Quand la grille est remplie, remplace chaque nombre de la dernière ligne de la grille par la lettre de l'alphabet qui lui correspond (par exemple, 1 = A, 2 = B).

	9		15
15	19		9
19		9	
		15	

Reporte les lettres ici →

D					A

Tu penses avoir trouvé la bonne réponse ?
Maintenant → lis le n° 9.

19

Bravo ! Relis ce détail important, dans le paragraphe 15 du chapitre 2. → Tu peux maintenant lire le n° 29.

20

Le 7 sortit. Elle empocha l'argent avec un sourire de gamine. Enfin, son regard croisa celui de Raphaël…

– Jeune homme ! s'écria-t-elle dans un large sourire. Décidément, nous nous suivons à la trace ! Venez, je vous offre une coupe de champagne.

Raphaël ne se fit pas prier.

– Et ce Titien ? demanda-t-elle, malicieuse. Vous a-t-il plu ?

Alors Raphaël lui raconta tout. Hermine di Rosa accueillait ses confidences avec un drôle d'étonnement. Peut-être qu'elle ne le croyait pas.

– Oubliez tout ça, finit-elle par dire. Il est sans doute temps pour vous de quitter cette ville. Allez, je vous propose un « Venise by night » en gondole !

Elle alla voir un homme à la stature imposante et lui remit une liasse de billets. Quelques minutes plus tard, une gondole les attendait. Et là, ce fut comme dans un rêve : l'arche unique du Rialto*, le pont des Soupirs**, la lagune devant le palais des Doges et tous ces somptueux bâtiments de la Renaissance. Le gondolier, marinière noire et chapeau de paille, pagayait avec force et élégance. Il slalomait entre les « bricole »***, ces pieux qui sortent de l'eau et sur lesquels dorment parfois une aigrette ou une mouette. Hermine exultait :

---

* Le pont du Rialto est l'un des ponts qui enjambent le Grand Canal de Venise. C'est un pont couvert qui repose sur des pilotis, et qui abrite plus de 25 boutiques.

** C'est un pont fermé qui enjambe l'un des canaux de Venise, le Rio di Palazzo. Il relie les anciennes prisons au palais des Doges, et il doit son nom aux soupirs exprimés par les prisonniers lorsqu'ils le traversaient pour être conduits devant les juges.

*** Ce sont des poteaux plantés par groupes de trois dans la lagune, pour délimiter les zones où les canaux sont navigables. Ils sont souvent équipés de lumières pour guider les embarcations.

– J'ai beau connaitre cette ville par cœur, je ne m'habitue pas à sa beauté ! C'est la mer, tous ces canaux sinueux, j'adore ça ! Allez, ne soyez pas triste, Raphaël. Et puis, vous reviendrez à Venise, on revient toujours à Venise…

Au petit matin, la gondole déposa Raphaël au pied de son hôtel.

– Soyez prudent, jeune homme ! fit encore Hermine, et puis le bateau disparut dans les brumes du matin.

Combien de temps Raphaël a-t-il passé sur la gondole ?

Les gondoles sont d'étranges bateaux qui ont toujours sillonné les canaux de Venise. Si, aujourd'hui, elles servent beaucoup à promener les touristes, elles étaient l'un des rares moyens de transport de la ville. On en compte aujourd'hui 500, mais au XVIe siècle, Venise en possédait 10 000 ! Question vitesse, c'est loin d'être une formule 1 ! À 5 km/h, la gondole n'avance finalement pas plus vite qu'un piéton.

Raphaël vient de passer les trois quarts de sa nuit en gondole !

Il lui restera donc bien peu de temps pour dormir.

Entoure tout ce qui équivaut à trois quarts.

Il y a 6 représentations de cette valeur.

$\frac{3}{4}$ 0,33 3,4 $\frac{30}{40}$ $\frac{4}{3}$ $\frac{6}{8}$ $\frac{6}{3}$

3 + 0,25 0,75 0,34

Réponse a. : $\frac{3}{4}$; $\frac{6}{3}$; 3 + 0,25 ; 0,34 ;  **;**

→ Lis le n° 4.

Réponse b. : $\frac{3}{4}$; $\frac{6}{3}$; 3,4 ; 0,33 ;  **;**

→ Lis le n° 11.

Réponse c. : $\frac{3}{4}$; $\frac{6}{8}$; $\frac{30}{40}$; 0,75 ; 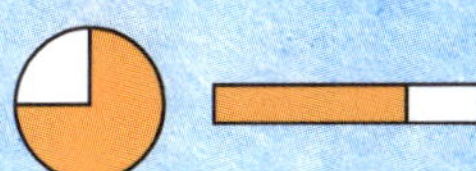 **;**

→ Lis le n° 6.

mémo 3

21 

Un conseil : remplace les valeurs numériques. 5 chances sur 10, c'est $\frac{5}{10} = \frac{50}{100}$, soit 50 pour cent : 50 %.

→ Retourne à l'exercice du n° 12.

22

Rappelle-toi : 1 km = 1 000 mètres et 1 heure = 60 minutes.
→ Relis le mémo 6 et retourne à l'exercice du n° 29.

23

Faux ! As-tu remarqué que beaucoup de ces opérations utilisent des multiples de 5 ? Sers-toi donc de ta table de 5… → Retourne à l'exercice du n° 24.

24

– C'est vrai qu'elle m'a fait des promesses, et dit qu'elle pourrait m'aider, dit Raphaël. Comment se méfier d'elle ? Vous la verriez… On dirait une comtesse, avec son chignon et ses petites lunettes.

– Vous l'avez échappé belle, Raphaël ! Elle est probablement venue fouiller votre chambre pour savoir qui vous étiez et si vous aviez des preuves contre elle. Au fait, quand l'avez-vous vue pour la dernière fois ?

– Je ne sais plus. Depuis que je suis arrivé à Venise, je n'arrête pas de la croiser par hasard.

– Ce n'est pas le hasard, Raphaël, ne soyez pas si naïf ! Elle vous suit, elle essaie de vous mettre dans ses filets…

Éléonore fixa longuement Raphaël :

– Essayez de vous souvenir… Hermine di Rosa a-t-elle dit ou fait quelque chose qui pourrait confirmer nos soupçons ?

– Je ne vois pas…

Raphaël va-t-il se souvenir d'un détail important et, si oui, lequel ?

Pour le trouver, réalise ce calcul à l'aide d'une calculatrice.

Il te donnera le numéro du paragraphe du chapitre 2 où tu trouveras le détail important concernant Hermine.

10 × 10 × 10 = ...

puis : 2 = ...

puis – 185 = ...

puis : 15 = ...

puis – 8 + 5 – 3 = ...

On trouve 2, donc paragraphe 2 → Lis le n° 17.

On trouve 5, donc paragraphe 5 → Lis le n° 23.

On trouve 15, donc paragraphe 15 → Lis le n° 19.

25

Faux ! Dans ce cas, le sang ne circulerait plus. Et qui transmet les nutriments et l'oxygène ?

→ Retourne à l'exercice du n° 8.

26

Ses pas le guidèrent devant le casino. Il entra dans le somptueux bâtiment. Il se sentait mal à l'aise. C'était un monde d'argent et de luxe. Les rares femmes présentes étaient superbement vêtues. Elles se tenaient debout derrière les hommes qui jouaient au poker en fumant de gros cigares.

Il se mit à l'écart et introduisit les quelques pièces qu'il avait dans une machine à sous sans rien gagner. Puis il se rapprocha des tables de jeux et c'est là qu'il vit Hermine di Rosa qui jouait à la roulette. Il eut envie de courir vers elle et de la prendre dans ses bras. Enfin un visage ami !

Il s'installa tout près d'elle, mais ne la dérangea pas. Elle pariait des sommes folles, et perdait tout. Sans une expression, sans un battement de cil, comme si cela lui était égal. Et du coup, cette petite femme au chignon vieillot était devenue l'attraction du casino. Soudain, elle misa une somme encore plus extravagante. Et là, elle dit tout doucement : « Le 7 ! Le 7 ! » Chacun retenait son souffle.

Le numéro 7 va-t-il sortir ?

Si le 7 sort, que gagnera Hermine ?

Avant de miser, Hermine avait en main :

– 12 plaques de 100 €

– 6 plaques de 50 €

– 8 jetons de 5 €

– 22 jetons de 1 €

En jouant tout sur le 7, elle a des chances de gagner 35 fois sa mise. **Combien peut-elle gagner ?**

a. 54 670 € **b.** 41 380 € **c.** 33 272 €

Si tu as trouvé a. → Lis le n° 20.
Si tu as trouvé b. → Lis le n° 3.
Si tu as trouvé c. → Lis le n° 7.

27

Faux ! Le sang ne circulerait plus du tout.

→ Retourne à l'exercice du n° 8.

28

Faux ! Un pourcentage peut être écrit sous la forme d'une fraction. Par exemple : 10 %, c'est $\frac{10}{100}$. Si tu transformais les valeurs numériques du problème par des fractions sur 100, cela t'aiderait sans doute.

→ Retourne à l'exercice du n° 12.

29

– Faites un effort Raphaël, pensez au moindre détail ! s'écria Éléonore.

Raphaël fit dérouler à l'envers tous les évènements depuis qu'il avait quitté Paris et il s'écria :

– Ah ! si, je me souviens ! Lorsque le contrôleur du train nous a rendu nos passeports, Hermine a rangé le sien en une seconde, comme si elle voulait le cacher. Et maintenant, j'y repense, à la librairie, j'ai découvert par hasard qu'un écrivain s'appelait exactement comme elle. Sur le moment, j'ai trouvé ça plutôt drôle et j'ai voulu lui raconter. D'autant plus que la photo de l'auteur ne correspondait pas au visage d'Hermine. Mais quand je l'ai appelée…

– Vous êtes tombé sur un mauvais numéro, c'est ça ?

– Exactement ! Elle doit changer d'identité comme on change de chemise. J'ai été si naïf…

La colère aiguisait sa curiosité. D'un seul coup, Raphaël se souvint que le matin où le Titien avait été volé, il avait vu Hermine sortir de l'Accademia.

– Elle a fait semblant de ne pas me reconnaitre. Mais attendez, ce n'est pas tout, je l'ai aussi croisée au cimetière ! Et tout cet argent qu'elle dépensait au casino ! Et le voyage en gondole ! Et ses conseils, et ses belles promesses ! Elle m'a bien eu, avec ses airs protecteurs.

Soudain, Éléonore s'écria :

– Il est là ! Il est là !

– Mais qui ? demanda Raphaël.

– Paolo, là, à l'arrière du vaporetto !

Quelle initiative va prendre Raphaël ?

Convertis en mètres/minute la vitesse de chaque moyen de transport pour choisir le meilleur moyen de rattraper Paolo.

- S'il emprunte un bateau à moteur, il pourra aller à 72 km/heure.
- S'il emprunte une mobylette, il pourra aller à 90 km/heure.

Si tu as trouvé : 120 m/min en bateau, 150 m/min en mobylette → Lis le n° 10.

Si tu as trouvé : 1 200 m/min en bateau, 1 500 m/min en mobylette → Lis le n° 14.

Si tu as trouvé : 12 m/min en bateau, 15 m/min en mobylette → Lis le n° 22.

mémo 6

30

Soudain, il y eut un attroupement vers le palais des Doges. « Polizia ! Polizia ! » Devant le palais, il découvrit un Arlequin pitoyable avec des menottes aux poignets. La poursuite était terminée.

***

Dans le train de nuit qui le ramenait à Paris, Raphaël repensa à tout ce qu'il lui était arrivé. Hermine di Rosa, plus connue des services de police sous le nom de Marie Boileau, était bel et bien une trafiquante qui travaillait pour de riches collectionneurs sans scrupules. Éléonore avait vu juste : Hermine s'arrangeait d'abord pour recruter des copistes talentueux mais désargentés et elle les persuadait ensuite de jouer les faussaires. Au début, on ne se méfiait pas, son chignon, son parfum à la violette, ses belles promesses, l'appât du gain et voilà que l'on finissait faussaire, et, quand ça se passait mal, on se retrouvait en prison. Comme Paolo ! Elle, elle s'en sortait toujours. Mais pas cette fois. La police, aidée du témoignage de Raphaël, la rechercha d'abord dans les plus beaux palaces vénitiens, les musées et au casino. Mais aucune trace de la fausse Hermine. Les enquêteurs allaient renoncer quand Éléonore eut cette idée de génie :

– Foncez à San Michele, foncez au cimetière, vite !

C'est dans le cloitre qu'on retrouva la vieille dame. Elle était en train de récupérer le tableau de Titien qu'elle avait dissimulé dans un caveau abandonné.

– Éléonore, comment avez-vous deviné ? demanda Raphaël, abasourdi.

– L'intuition féminine, fit-elle avec un clin d'œil.

– Sérieusement Éléonore, comment avez-vous deviné qu'elle avait caché le tableau à San Michele ?

– Vous vous souvenez de la jeune fille qui lisait *Mort à Venise* ? Eh bien, elle avait également été recrutée par Hermine pour devenir faussaire. Cet épisode a brisé sa carrière, et elle s'était juré de se venger. Un jour, elle est venue à l'Accademia, et elle m'a dit avoir vu Hermine dissimuler un objet rectangulaire derrière une stèle.

– Vous êtes incroyable, Éléonore ! Vous allez beaucoup me manquer…

Raphaël savait qu'il reverrait Éléonore. Un jour, il viendrait lui rendre visite. On revient toujours à Venise…

FIN

L'aventure t'a-t-elle plu ?

Le voyage à Venise de Raphaël s'est vite transformé en une enquête pleine de rebondissements ! Sa passion pour la peinture aurait pu le faire tomber dans les filets de la machiavélique Hermine di Rosa. Qui aurait pu croire que derrière ce doux visage au chignon sage se cachait une manipulatrice, qui n'avait d'autre but que de s'enrichir en détournant le savoir-faire de jeunes peintres talentueux ? Mensonges, promesses, autant de moyens mis en œuvre pour amadouer des passionnés qui, comme Raphaël, auraient pu encore longtemps tomber dans ce réseau malhonnête et dangereux.

Raphaël, grâce à ce voyage, a pu non seulement se rapprocher de ses maitres, les grands peintres, mais il a appris aussi que sa passion, s'il ne se laissait pas aveugler par ses dérives, pourrait lui permettre de poursuivre ses rêves et de s'épanouir dans ce qui comptera toujours pour lui : l'art.

***

Bravo ! Puisque tu es allé(e) jusqu'au bout de cette histoire et de ses exercices, envoie-nous, sur le site **www.lenigme.com**, la liste des indices que tu as écrits page 117, et tu pourras télécharger des surprises.

À bientôt pour de nouvelles aventures !

Mémo

Pour t'aider à faire tes exercices

Maths

Sciences Techno

Mathématiques

Nombres

1 Construire les grands nombres

- Les grands nombres sont composés de chiffres qui sont regroupés par **classes** de 3 : on écrit 2 415 393 665.
- Grâce aux **espaces**, on détermine mieux la valeur de chaque chiffre.
- Pour inscrire un nombre dans un tableau de numération, il vaut mieux commencer par les unités.

milliards			millions			milliers			unités		
c	d	u	c	d	u	c	d	u	c	d	u
		2	4	1	5	3	9	3	6	6	5

2 Construire les nombres décimaux

Dans les nombres décimaux, tout ce qui est après la virgule, ce que tu lis à sa droite, est inférieur à 1.

dm	m	c	d	u	dixièmes	centièmes	millièmes
10 000	1 000	100	10	1 ,	1/10	1/100	1/1000
1	0	2	3	3 ,	0	2	0

3 Comprendre les fractions

- Une fraction est un nombre écrit sous la forme $\frac{2}{3}$.

Le 2 est le **numérateur**, il représente le nombre de parts égales dont on parle.
Le 3 est le **dénominateur**, il représente le nombre total de parts dans une unité.

$\frac{1}{2}$ 

$\frac{1}{4}$ 

$\frac{2}{3}$ 

$\frac{1}{10}$ 

4 Comparer et ranger des nombres décimaux

- Pour comparer et ranger les nombres décimaux, tu peux utiliser les signes : > (plus grand que), < (plus petit que) ou = (égal).
- Le nombre décimal, dont la partie entière est la plus grande, est le plus grand : **7,99 > 6,19**
- Lorsque la partie entière est identique, on compare un à un les chiffres derrière la virgule : 5,**1**7 < 5,**2**9

5 Comprendre les pourcentages

- Un pourcentage exprime une proportion, que l'on représente par une **fraction de 100**, c'est-à-dire une fraction dont le dénominateur est 100.
- Elle s'écrit avec un signe particulier : **%**.

5 chances sur 10, c'est $\frac{5}{10}$, c'est donc $\frac{50}{100}$, c'est donc 50 %.

6 Convertir des vitesses

- La vitesse s'exprime en kilomètres par heure : km/h.
- Pour convertir une vitesse en mètres par minute, il faut d'abord convertir les kilomètres en mètres, puis diviser le nombre de mètres obtenus par 60 (1 heure = 60 minutes).

15 km/h = 15 000 m/60 min
= 250 m/min (15 000 : 60 = 250).

Calculs

7 Soustraire deux nombres entiers

- Soustraire, c'est **ôter** la plus petite valeur à la plus grande, il faut donc toujours placer le plus grand nombre en haut, et écrire le second nombre en dessous, en respectant unités, dizaines, centaines, etc.
- Commence par soustraire les unités, puis les dizaines, etc.
- Quand ce n'est pas possible, ajoute une retenue.

$$\begin{array}{rcccc} & 2 & {}_{1}0 & {}_{1}0 & 6 \\ - & {}_{1}1 & {}_{1}5 & 7 & 6 \\ \hline & 0 & 4 & 3 & 0 \end{array}$$

8 Additionner des nombres décimaux

- Il faut bien **aligner** les chiffres en colonnes : les centaines sous les centaines, les dizaines sous les dizaines, les unités sous les unités, les virgules sous les virgules, les dixièmes sous les dixièmes, etc.

$$\begin{array}{rcccccccc} & 4 & 1 & 3 & {}_{1}8 & {}_{1}6 & 9, & 3 & 5 \\ + & & 4 & 2 & 0 & 3 & 1, & 5 & 0 \\ \hline & 4 & 5 & 5 & 9 & 0 & 0, & 8 & 5 \end{array}$$

- Puis on calcule comme pour des nombres entiers, en commençant par les chiffres les plus à droite.
- Attention, n'oublie pas de reporter la **virgule** dans le résultat.

9 Faire une multiplication avec des nombres décimaux

Pour multiplier avec des nombres à virgule :

- On procède comme pour les nombres entiers (sans virgule).
- À la fin, on compte combien de chiffres il y avait après la virgule de chaque nombre.
- Puis on place la virgule dans le résultat de manière à ce qu'il y ait autant de chiffres derrière elle.

$$\begin{array}{rccc} & & 3 & 7 \\ \times & & 1, & 8 \\ \hline & {}^{1}2 & 9 & 6 \\ & 3 & 7 & \\ \hline & 6 & 6, & 6 \end{array}$$

× 1, 8 : un seul chiffre après la virgule, donc…

6 6, 6 : ici, aussi, un seul chiffre après la virgule.

10 Construire et se servir d'un tableau de proportionnalité

Augmenter ou diminuer des proportions de manière exacte nécessite d'utiliser un tableau de proportionnalité.

On passe d'un ensemble de nombres à un autre ensemble en multipliant ou en divisant par un même nombre qu'on appelle le **coefficient de proportionnalité**.

× 2,2

pouces	1	2,2
cm	2,54	?

: 2,54 — × 2,54

Espace et géométrie

11 Déterminer l'axe de symétrie d'une figure

- Les deux parties d'une figure sont symétriques si elles sont superposables par pliure. Ce pli est l'**axe de symétrie**.
- Dans cette figure, les points A et C sont symétriques par rapport à l'axe de symétrie, car ils sont à égale distance de cet axe.

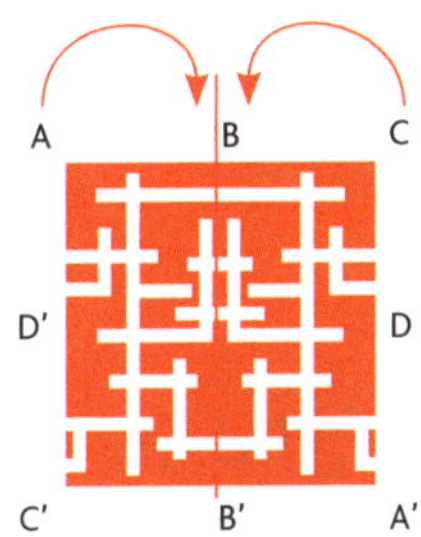

12 Déterminer les différents types d'angles

- Pour déterminer un angle, il faut utiliser l'**angle droit** d'une équerre.

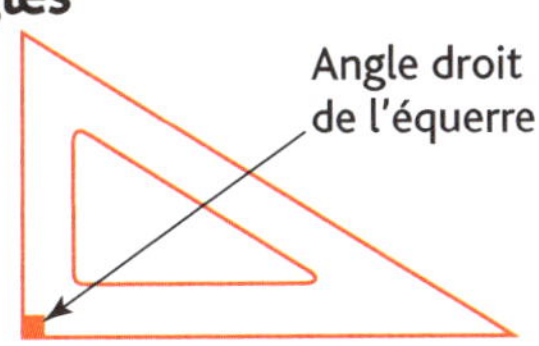

- Si l'angle mesuré est plus grand que l'angle droit de l'équerre, c'est un **angle obtus**.

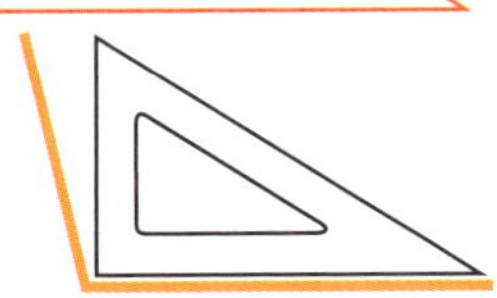

- Si l'angle mesuré est plus petit que l'angle droit de l'équerre, c'est un **angle aigu**.

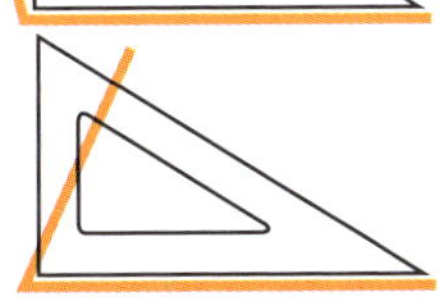

13 Mesurer un angle

Pour mesurer tous les angles, il faut un rapporteur. Mais pour mesurer certains angles, une équerre peut suffire.
Il existe deux types d'équerres :

- **L'équerre à 45°**, qui est un triangle rectangle isocèle.

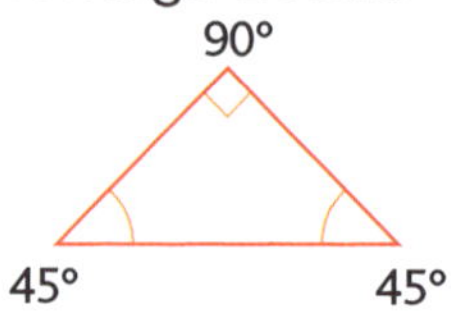

Elle possède :
– un angle droit = 90°
– deux angles aigus de 45°, soit la moitié de l'angle droit.

- **L'équerre à 60°**, qui est un triangle rectangle.

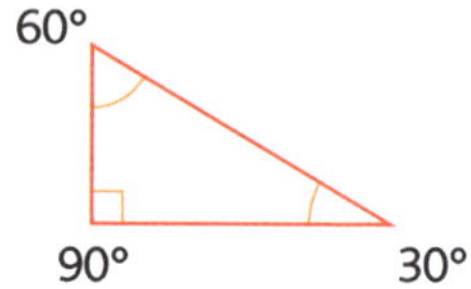

Elle possède :
– un angle droit = 90°
– deux angles aigus (un de 60° et un de 30°), dont la somme fait 90°.

14 Retenir les spécificités du cercle

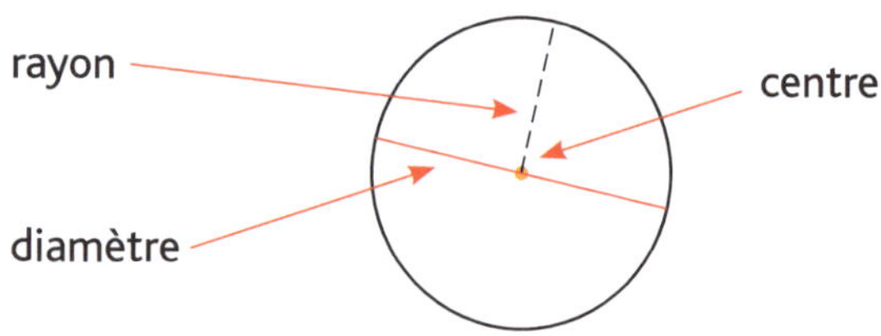

- Le cercle est comme une ligne fermée, dont chaque point est à égale distance du centre du cercle.
- On peut définir le **diamètre** d'un cercle comme le segment qui le traverse en passant par son centre.
- Le **rayon** est un segment qui correspond à la moitié du diamètre. Il part du centre et va jusqu'au bord du cercle.
- Il ne faut pas confondre le **cercle**, qui est une ligne avec le **disque** qui est une surface.

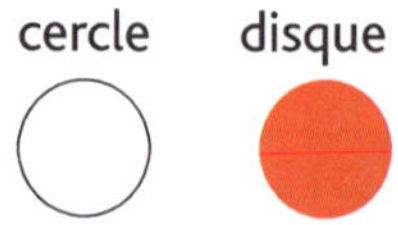

15 Reconnaitre des figures particulières

Les quadrilatères sont des figures géométriques qui ont 4 côtés.

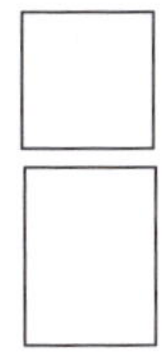

- Le **carré** a 4 côtés de même longueur parallèles 2 à 2 et 4 angles droits.
- Le **rectangle** a ses côtés parallèles 2 à 2, égaux 2 à 2 et 4 angles droits.
- Le **losange** a 4 côtés de même longueur parallèles 2 à 2.

- Les **triangles** ne sont pas des quadrilatères puisqu'ils ne possèdent que 3 côtés. Mais un losange coupé en deux selon une diagonale, c'est deux triangles. Un carré ou un rectangle coupés de la même façon forment également deux triangles.

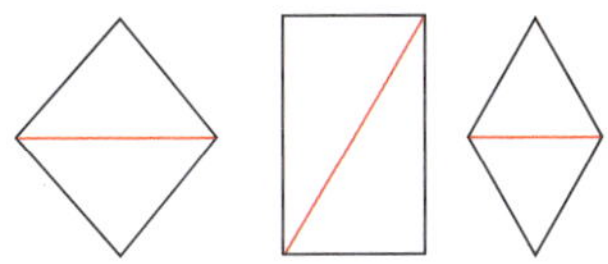

Grandeurs et mesures

16 Calculer des durées

- 1 jour = 24 heures 1 heure = 60 minutes

Minuit s'écrit de deux manières : 24 h 00 et 00 h 00.

- Pour **additionner** ou **soustraire** deux horaires, il faut procéder comme pour une addition ou une soustraction ordinaire, mais il ne faut pas oublier de :
– calculer les minutes et les heures bien séparément, en commençant par les minutes,
– remplacer 60 minutes par 1 heure quand il y a des retenues des minutes aux heures.
Lorsqu'on est au-delà de 24 heures, on doit retirer 1 journée, soit 24 heures.

$$\begin{array}{rccccc} & {}^{1}1 & 3 & h & 0 & 0 \\ + & 1 & 9 & h & 0 & 7 \\ \hline & 3 & 2 & h & 0 & 7 \end{array}$$

$$\begin{array}{rccccc} & 3 & {}_{1}2 & h & 0 & 7 \\ - & {}_{1}2 & 4 & h & 0 & 0 \\ \hline & 0 & 8 & h & 0 & 7 \end{array}$$

17 Calculer un périmètre

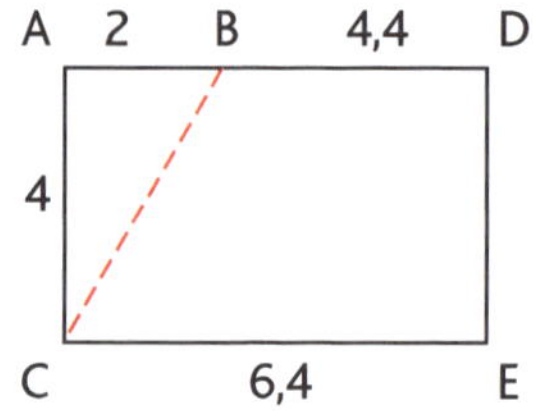

Le périmètre d'une surface est la longueur de son pourtour. Pour le calculer, il suffit d'additionner toutes les longueurs de ses côtés.

Périmètre = AD + DE + EC + CA
= 6,4 + 4 + 6,4 + 4
= 20,8 cm

18 Calculer l'aire d'un rectangle

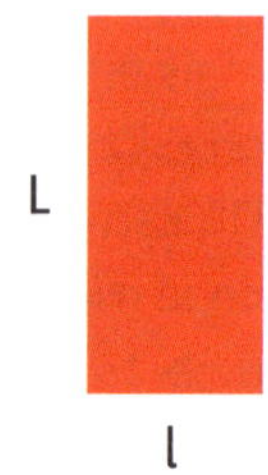

L'aire d'un tableau, c'est la superficie délimitée par les lignes qui entourent le tableau.
Il faut multiplier sa longueur par sa largeur (L × l).
Aire du tableau : 0,96 × 0,75 = 0,72 m^2
Son unité de mesure est le **mètre carré** (m^2).

19 Comprendre pourquoi on a la chair de poule

Chacun de nos poils est associé à un petit muscle, appelé muscle horripilateur. Lorsqu'il se contracte, sous l'effet de la peur ou d'une émotion, le muscle pousse la peau qui se bombe et nos poils se dressent !
En contraction, le muscle dégage de la chaleur. De plus, l'épaisseur de ces poils dressés nous protège du froid, comme une petite couverture.

20 Observer le fonctionnement des circuits électriques

- Dans un circuit, chaque élément est représenté par un symbole :

 lampe

fil électrique

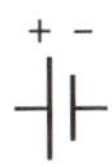

pile

 interrupteur fermé

 interrupteur ouvert

- Pour que le courant passe, il faut que le circuit soit fermé, c'est-à-dire qu'il ne faut pas qu'il y ait d'espace entre les fils, ni que l'interrupteur soit ouvert.
- Le courant électrique circule de la borne « plus » vers la borne « moins » de la pile. Donc, si deux bornes de même signe se touchent (– – ou + +), ça ne marche pas.

Exemple de bon circuit :

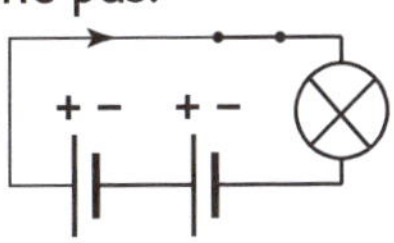

21 Faire une recherche sur Internet

- Si on ne connait pas d'adresse du site, il faut :
– utiliser un moteur de recherche,
– entrer des mots clés sans majuscule ni accent,
– dans la liste proposée, choisir le bon site.
Ex. : www.google.fr
Mots clés : « accademia », « giorgione », « tiscali »
- Si on connait l'adresse du site, il faut alors la taper en minuscules sans espace.
- Une fois sur le site, il faut naviguer dans les pages, en cliquant sur les **liens hypertextes.** On découvre un lien lorsqu'en passant sur un mot souligné, la flèche de la souris se transforme en une petite main.
Ex. : Giorgione ou *La Tempesta* → cliquer.

Infos documentaires

Voici quelques informations documentaires en lien avec le thème de l'énigme que tu viens de lire.

Comment voit-on les couleurs ?

Lorsqu'on est dans le noir, on ne voit pas les couleurs, car c'est la lumière qui les fait apparaitre. La lumière, que l'on voit transparente, est composée de toutes les couleurs de l'arc-en-ciel. Pour voir l'une de ces couleurs, il faut que les autres disparaissent. Observons une fraise. On la voit rouge parce qu'elle absorbe presque toute la lumière. Seule la part rouge du spectre lumineux reste en surface, la colorant d'un joli rouge !
Et sur un objet noir, toute la lumière a été absorbée ! Voilà pourquoi on dit que le noir n'est pas une couleur.

Pourquoi l'eau des rivières est-elle douce et l'eau des mers salée ?

Si la mer est salée, c'est parce qu'elle a eu le temps (4 milliards d'années !) et la puissance pour dissoudre des roches rongées par l'érosion. En effet, le sel, qui est un minéral, provient directement de ces roches dissoutes. Les rivières et les fleuves, dans lesquels s'écoulent les précipitations non salées du ciel et l'eau des glaciers, n'ont ni le temps ni la force d'extraire ce sel. Voilà pourquoi leur eau reste douce.

À quoi peut servir un pont à part rejoindre deux rives ?

À Venise, on a tellement besoin de place que même les ponts sont occupés ! Il n'y a pas de maisons, mais sur le Pont Rialto, on peut faire ses courses dans l'une des nombreuses boutiques. Ces boutiques n'ont pas pour seule fonction de faire des achats, elles servent aussi à alourdir le pont, le rendant plus solide.

Pourquoi placer un cimetière sur une ile ?

Une ile, c'est un endroit coupé du monde. Rien de tel à l'époque pour y placer un cimetière, qui pouvait toujours être cause d'épidémies. Et les Vénitiens, qui ne voulaient pas abandonner leurs morts, ont bâti près du cimetière, comme pour les protéger, l'église San Michele.

Page-indices

Eaux troubles à Venise

du CM2 à la 6e

Note ci-dessous les indices que tu as trouvés au cours de ta lecture.

Va vite te connecter sur le site

www.lenigme.com

pour nous envoyer tes indices, et tu pourras télécharger plein de cadeaux !

INDICE 1 Elle range trop précipitament son passeport ....

INDICE 2 ....

INDICE 3 ....

INDICE 4 ....

Bravo ! Tu as trouvé tous les indices !

Table des matières

Chapitre 4 Poursuites sur la lagune

Crédits photographiques :

p. 6 : Photodisc ; p. 20 : AGK-images/Erich Lessing ; p. 45 : BIS/Archives Nathan ; p. 67 : Archives Nathan ; p. 88 : BIS/Ph. Dagli Orti/Archives Larbor ; p. 96 : HPP/Hoa-Qui/Sylvain Grandadam.

Achevé d'imprimé en Italie par BONA en Mars 2021

L'ÉNIGME DES VACANCES

JE LIS · JE JOUE · JE RÉVISE

Choisis ton univers !

historique · fantastique · POLICIER · AVENTURE · FRISSON · féerie

du CP au CE1

- Le voleur invisible
- Sophia, princesse de la mer 🎧
- Le mystère de la source 🎧
- Disparition au pays des poneys 🎧
- Panique chez les pandas

du CE1 au CE2

- La peur au bout de la laisse
- Mystère au cirque Alzared
- Attention ! Dauphins en danger
- Pas si désert que ça !
- Menace sur Madagascar
- Pirates en péril ! 🎧
- Enquête de terrain BD

du CE2 au CM1

- Le labyrinthe des dragons
- Les fantômes de Glamorgan
- La plage du Prince Blanc
- Le phare de la peur
- Montagne explosive !
- Menaces sur la finale de foot
- Planète dinosaures
- Le chevalier sans tête BD

du CM1 au CM2

- Le voleur de papyrus
- Le secret de la jungle
- Le sortilège des loups-garous
- Parfum de vacances
- La carrière interdite
- Mystère dans le bush australien
- Drôles d'époques ! 7 histoires
- Objectif planète verte BD

du CM2 à la 6e

- Le trésor des Templiers
- Panique à la Pop Academy
- La forêt de l'épouvante
- À la recherche de la cité perdue
- Eaux troubles à Venise
- Drôles de familles ! 7 histoires
- À bord du bateau pirate ESCAPE GAME

de la 6e à la 5e

- Le secret du Titanic
- Drôle de trafic
- Complot chez les cordons-bleus
- The Refuge in Danger (en anglais) 🎧
- Au sommet de la tour Eiffel ESCAPE GAME
- Dans les galeries du Louvre ESCAPE GAME

de la 5e à la 4e

- Operation Blue Lagoon (en anglais) 🎧
- Chute mortelle au Mont-Saint-Michel
- The Captain is Missing! (en anglais) 🎧
- Le souffle de l'ange
- Dans le château de Krennamzer ESCAPE GAME

de la 4e à la 3e

- Murder in West Park (en anglais) 🎧
- The Mark of the Vampire (en anglais) 🎧
- The Wizards' Night (en anglais) 🎧
- Dans les allées du cimetière ESCAPE GAME

🎧 Histoire à podcaster sur le site www.lenigme.com